1か月で復習する
ドイツ語 新装版
基本の500単語

西野路代

音声無料
ダウンロード

語研

JN040972

音声について（音声無料ダウンロード）

◆ 本書の音声は無料でダウンロードすることができます。下記の URL または QR コード
より本書紹介ページの【無料音声ダウンロード】にアクセスしてご利用ください。

https://www.goken-net.co.jp/catalog/card.html?isbn=978-4-87615-424-1

◆ 各見開きの右上に記載された QR コードを読み取ることで，その見開き分の音声を再生
することもできます。

◆ 音声は，見出し語→例文の順番で 1 回ずつ，ナチュラルスピードよりもややゆっくり
めで収録されています。

◆ ドイツ語の見出し語と例文にはルビをふりましたが，日本語にはない発音もあるため，
音声を繰り返し聞いていただくのがより効果的です。

◆ 例文の上の下線 〰〰〰 は，音声の区切りを示しています。音声を聞きながら発話の
練習をする際のヒントとしてご活用ください。

⚠ 注意事項 ⚠

● ダウンロードで提供する音声は，複数のファイル・フォルダを ZIP 形式で 1 ファイル
にまとめています。ダウンロード後に解凍（展開）してご利用ください。
Wi-Fi 接続でのダウンロードを推奨します。

● 音声ファイルは MP3 形式です。モバイル端末，パソコンともに，MP3 ファイルを再
生可能なアプリ，ソフトを利用して聞くことができます。

● インターネット環境によってダウンロードできない場合や，ご使用の機器によって再
生できない場合があります。

● 本書の音声ファイルは，一般家庭での私的使用の範囲内で使用する目的で頒布するも
のです。それ以外の目的で本書の音声ファイルの複製・改変・放送・送信などを行い
たい場合には，著作権法の定めにより，著作権者等に申し出て事前に許諾を受ける必
要があります。

はじめに

　本書はドイツ語をこれから学ぶ方，ドイツ語を学び始めたばかりの方のために編まれた単語集です。基本的な単語504語を選び，そのひとつひとつに例文をつけました。

　現在，ドイツ語はEU域内で最も母語話者の多い言語であり，インターネットのウェブサイト上では英語に次いで用いられている言語とされています。また，数多くの優れた文学や思想を生み出してきた言葉でもあり，音楽，美術，学問，スポーツなどさまざまな分野の土台にある言葉でもあるのです。ドイツ語はたいへん規則正しい文法を持ち，英語と比べると語形変化の多い言葉ですが，ドイツ語の理解を深めていくと，こうした規則もきわめて合理的にできていることがわかります。ドイツ語に触れていると，ときに木材の正確な継手に見るような巧みさを感じることがありますが，単語ひとつひとつがそのようなドイツ語世界を組み立てているといえるでしょう。ドイツ語の入り口にいる皆さん，まずは本書におさめられている基本的な単語を身につけるところから学習をスタートしてみてはいかがでしょうか。

　ドイツ語は語形変化の多い言葉でもあると書きました。動詞の人称変化語尾や形容詞の格変化語尾を持った単語，名詞の複数形など，例文には見出し語と異なる単語がたびたび現れます。本書には6つの文法コラムを設けています。単語の知識だけでは足りないと感じたときは，こちらのコラムを参考にしてください。また，名詞に男性，女性，中性の3つの性があるのもドイツ語の特徴です。名詞を覚えるときにはイメージを膨らませて名詞の性をいっしょに覚えていくのも楽しいものです。そうすればドイツ語を使いこなしていく力も自ずと身につくことでしょう。

　言葉を学ぶのに王道はあるのでしょうか。一歩ずつこつこつと歩みを進めていく以外に私にはその道が見つかりません。あるいは，言葉を学ぶことは毎日植物に水遣りをするようなことかもしれません。芽が小さなうちはちょっと水遣りを忘れてしまうと枯れてしまうこともありますね。まずは1か月，この単語集を片手に毎日ドイツ語を学んでみましょう。そしてこれを足がかりにぜひドイツ語の世界を大きく育んでください。

　本書が皆さんのドイツ語学習の助けとなりますよう。

西野　路代

目次

【音声ナレーション】Nadine Kaczmarek

【装丁】クリエイティブ・コンセプト

本書の構成

- 暗記には付属の赤シートをご活用ください。
- 例文語注の **番号** は見出し語の左の見出し語番号にあたります。
- 例文語注の **番号** は見出し語注の関連表現です。

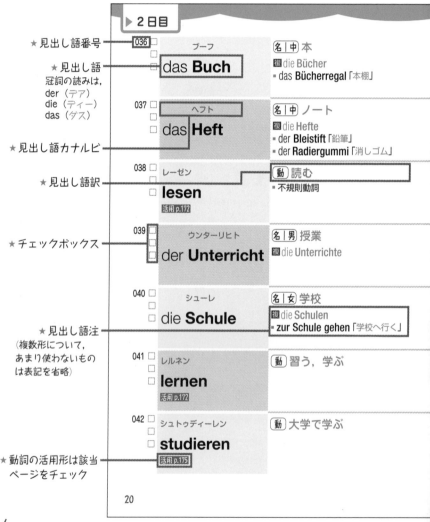

★見出し語番号

★見出し語
冠詞の読みは,
der (デア)
die (ディー)
das (ダス)

★見出し語カナルビ

★見出し語訳

★チェックボックス

★見出し語注
(複数形について,
あまり使わないもの
は表記を省略)

★動詞の活用形は該当
ページをチェック

▶ 2日目

036 ブーフ
das **Buch**
名 中 本
複 die Bücher
- das Bücherregal 「本棚」

037 ヘフト
das **Heft**
名 中 ノート
複 die Hefte
- der Bleistift 「鉛筆」
- der Radiergummi 「消しゴム」

038 レーゼン
lesen
活用 p.172
動 読む
- 不規則動詞

039 ウンターリヒト
der **Unterricht**
名 男 授業
複 die Unterrichte

040 シューレ
die **Schule**
名 女 学校
複 die Schulen
- zur Schule gehen 「学校へ行く」

041 レルネン
lernen
活用 p.172
動 習う, 学ぶ

042 シュトゥディーレン
studieren
活用 p.175
動 大学で学ぶ

20

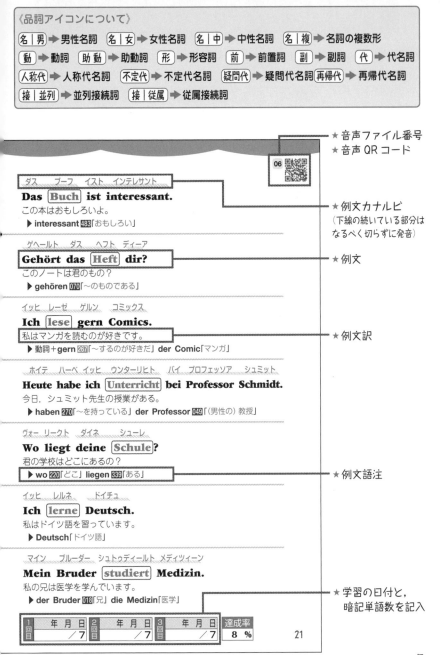

《品詞アイコンについて》

名|男 ➡ 男性名詞　名|女 ➡ 女性名詞　名|中 ➡ 中性名詞　名|複 ➡ 名詞の複数形

動 ➡ 動詞　助動 ➡ 助動詞　形 ➡ 形容詞　前 ➡ 前置詞　副 ➡ 副詞　代 ➡ 代名詞

人称代 ➡ 人称代名詞　不定代 ➡ 不定代名詞　疑問代 ➡ 疑問代名詞　再帰代 ➡ 再帰代名詞

接|並列 ➡ 並列接続詞　接|従属 ➡ 従属接続詞

★音声ファイル番号
★音声 QR コード

06

ダス　ブーフ　イスト　インテレサント
Das Buch **ist interessant.**
この本はおもしろいよ。
▶ interessant 483「おもしろい」

★例文カナルビ
（下線の続いている部分は
なるべく切らずに発音）

ゲヘールト　ダス　ヘフト　ディーア
Gehört das Heft **dir?**
このノートは君のもの？
▶ gehören 070「〜のものである」

★例文

イッヒ　レーゼ　ゲルン　コミックス
Ich lese **gern Comics.**
私はマンガを読むのが好きです。
▶ 動詞＋gern 287「〜するのが好きだ」der Comic「マンガ」

★例文訳

ホイテ　ハーベ　イッヒ　ウンターリヒト　バイ　プロフェッソア　シュミット
Heute habe ich Unterricht **bei Professor Schmidt.**
今日，シュミット先生の授業がある。
▶ haben 270「〜を持っている」der Professor 049「（男性の）教授」

ヴォー　リークト　ダイネ　シューレ
Wo liegt deine Schule**?**
君の学校はどこにあるの？
▶ wo 220「どこ」liegen 339「ある」

★例文語注

イッヒ　レルネ　ドイチュ
Ich lerne **Deutsch.**
私はドイツ語を習っています。
▶ Deutsch「ドイツ語」

マイン　ブルーダー　シュトゥディールト　メディツィーン
Mein Bruder studiert **Medizin.**
私の兄は医学を学んでいます。
▶ der Bruder 018「兄」die Medizin「医学」

★学習の日付と，
暗記単語数を記入

1回目	年　月　日	2回目	年　月　日	3回目	年　月　日	達成率
	／7		／7		／7	**8 %**

21

学習計画表

●約 1 か月弱で終えるためのスケジュールモデル《月曜開始の場合》

	月	火	水	木	金	土	日
日付⇨	／	／	／	／	／	／	お休み or 復習
	p.10〜14 001-021	p.16〜20 022-042	p.22〜26 043-063	p.28〜32 064-084	p.36〜40 085-105	p.42〜46 106-126	
チェック⇨	済	済	済	済	済	済	
	月	火	水	木	金	土	日
	／	／	／	／	／	／	お休み or 復習
	p.48〜52 127-147	p.54〜58 148-168	p.62〜66 169-189	p.68〜72 190-210	p.74〜78 211-231	p.80〜84 232-252	
	済	済	済	済	済	済	
	月	火	水	木	金	土	日
	／	／	／	／	／	／	お休み or 復習
	p.88〜92 253-273	p.94〜98 274-294	p.100〜104 295-315	p.106〜110 316-336	p.114〜118 337-357	p.120〜124 358-378	
	済	済	済	済	済	済	
	月	火	水	木	金	土	日
	／	／	／	／	／	／	総復習
	p.126〜130 379-399	p.132〜136 400-420	p.140〜144 421-441	p.146〜150 442-462	p.152〜156 463-483	p.158〜162 484-504	
	済	済	済	済	済	済	

＊開始日を記入し，終わったら済マークをなぞってチェックしてください。

●計画表フリースペース（自分なりのスケジュールを立てたい方用）

/	/	/	/	/	/	/
-	-	-	-	-	-	-
済	済	済	済	済	済	済
/	/	/	/	/	/	/
-	-	-	-	-	-	-
済	済	済	済	済	済	済
/	/	/	/	/	/	/
-	-	-	-	-	-	-
済	済	済	済	済	済	済
/	/	/	/	/	/	/
-	-	-	-	-	-	-
済	済	済	済	済	済	済

＊上から曜日，日付，習得した見出し語の開始と終わりの番号，済マークの
チェック欄になります。自由にカスタマイズしてお使いください。

001 □
□
□
イッヒ
ich

〔人称代〕**私は**
- Ich bin ~.「私は~だ」

002 □
□
□
ドゥー
du

〔人称代〕**君は**
- Du bist ~.「君は~だ」

003 □
□
□
エア
er

〔人称代〕**彼は**
- Er ist ~.「彼は~だ」

004 □
□
□
ズィー
sie

〔人称代〕**彼女は**
- Sie ist ~.「彼女は~だ」

005 □
□
□
エス
es

〔人称代〕**それは**
- Es ist ~.「それは~だ」
- es gibt ~「~がある（= there is/are《英》）」

006 □
□
□
ヴィーア
wir

〔人称代〕**私たちは**
- Wir sind ~.「私たちは~だ」

007 □
□
□
イーア
ihr

〔人称代〕**君たちは**
- Ihr seid ~.「君たちは~だ」

イッヒ ビン ヤパーネリン
Ich bin Japanerin.
私は日本人です。
▶ der Japaner「日本人男性」/die Japanerin「日本人女性」

ドゥー ビスト シュトゥデント
Du bist Student.
君は学生です。
▶ der Student 047「男子学生」

エア イスト フースバルシュピーラー
Er ist Fußballspieler.
彼はサッカー選手です。
▶ der Fußballspieler「サッカー選手」

ズィー イスト ピアニスティン
Sie ist Pianistin.
彼女はピアニストです。
▶ der Pianist「(男性の) ピアニスト」/die Pianistin「(女性の) ピアニスト」

ドルト ギープト エス アイン ハオス エス イスト グロース
Dort gibt es ein Haus. Es ist groß.
家が一軒あります。それは大きいです。
▶ das Haus 289「家」 groß 442「大きい」

ヴィーア ズィント ヤパーナー
Wir sind Japaner.
私たちは日本人です。

ザイト イーア アオス ベルリーン
Seid ihr aus Berlin?
君たちはベルリンから来たの？
▶ Berlin「ベルリン」

| 1回目 | 年 月 日 /7 | 2回目 | 年 月 日 /7 | 3回目 | 年 月 日 /7 | 達成率 1 % |

11

008 □
□
□
ズィー
sie

人称代 彼らは
- Sie sind ～.「彼らは～だ」

009 □
□
□
ズィー
Sie

人称代 あなた（がた）は《敬称》
- Sie sind～.「あなた（がた）は～だ」

010 □
□
□
ザイン
sein
活用 p.174

動 ～である
- 不規則動詞

011 □
□
□
ハイセン
heißen
活用 p.170

動 ～という名前である
- Ich heiße ～.「私は～といいます」
- Mein Name ist Ken Sato.「私の名前はサトウ・ケンです」

012 □
□
□
ヤー
ja

副 はい

013 □
□
□
ナイン
nein

副 いいえ

014 □
□
□
ビッテ
bitte

副 どうぞ
- Wie bitte?「なんですって？」

ズィー　コメン　アオス　ベルリーン　ウント　フランクフルト
[Sie] kommen aus Berlin und Frankfurt.
彼らはベルリンとフランクフルトから来ています。
▶ kommen 355「来る」

ズィント　ズィー　レーラー
Sind [Sie] Lehrer?
あなたは先生ですか。
▶ der Lehrer 048「(男性の) 先生」

ヴィーア　ズィント　アオス　トキオ
Wir [sind] aus Tokio.
私たちは東京出身です。
▶ Tokio「東京」

イッヒ　ハイセ　サクラ　タナカ
Ich [heiße] Sakura Tanaka.
私はタナカ・サクラといいます。
▶ 質問 Wie heißen Sie?「なんというお名前ですか」

ヤー　イッヒ　ビン　シュトゥデンティン
[Ja], ich bin Studentin.
はい，私は学生です。
▶ 質問 Sind Sie Studentin?「あなたは学生ですか」

ナイン　エア　イスト　エスターライヒャー
[Nein], er ist Österreicher.
いや，彼はオーストリア人だよ。
▶ 質問 Ist er Deutscher?「彼はドイツ人なの？」

ヤー　ビッテ
Ja, [bitte]!
はい，どうぞ！
▶ 質問 Ist der Platz hier frei?「こちらの席は空いていますか」

| 1回目 | 年 月 日 ／7 | 2回目 | 年 月 日 ／7 | 3回目 | 年 月 日 ／7 | 達成率 2 % |

13

015
ファミーリエ
die **Familie**

名|女 家族
複 die Familien

016
ファーター
der **Vater**

名|男 父
複 die Väter
▪ der **Großvater**「祖父」

017
ムッター
die **Mutter**

名|女 母
複 die Mütter
▪ die **Großmutter**「祖母」

018
ブルーダー
der **Bruder**

名|男 兄，弟，兄弟
複 die Brüder

019
シュヴェスター
die **Schwester**

名|女 姉，妹，姉妹
複 die Schwestern

020
ゾーン
der **Sohn**

名|男 息子
複 die Söhne

021
トホター
die **Tochter**

名|女 娘
複 die Töchter

ダス イスト ダス フォート マイナー ファミーリエ
Das ist das Foto meiner Familie.
これは私の家族の写真です。

▶ das Foto「写真」

ダス イスト マイン ファーター
Das ist mein Vater.
こちらは私の父です。

マイネ ムッター イスト ハオスフラオ
Meine Mutter ist Hausfrau.
私の母は主婦です。

▶ die Hausfrau「主婦」

マイン ブルーダー イスト フォトグラーフ
Mein Bruder ist Fotograf.
私の兄は写真家です。

▶ der Fotograf「写真家」

マイネ シュヴェスター シュトゥディールト ムズィーク
Meine Schwester studiert Musik.
私の姉は音楽を学んでいます。

▶ studieren 042「大学で学ぶ」 die Musik 107「音楽」

マイン ゾーン イスト ドライツェーン ヤーレ アルト
Mein Sohn ist dreizehn Jahre alt.
私の息子は 13 歳です。

▶ dreizehn「13」 数字+Jahre alt 429「〜歳」

ザビーネ イスト ディー トホター アイナー シャオシュピーレリン
Sabine ist die Tochter einer Schauspielerin.
ザビーネはある女優の娘なんだよ。

▶ der Schauspieler「俳優」 /die Schauspielerin「女優」

15

022

エルターン

die **Eltern**

名｜複 両親
▪ die **Großeltern**「祖父母」

023

キント

das **Kind**

名｜中 子ども
複 die **Kinder**
▪ das **Baby**「赤ちゃん」
▪ der **Enkel**「孫」

024

オンケル

der **Onkel**

名｜男 おじ
複 die **Onkel**／die **Onkels**《口語で》
▪ der **Neffe**「おい」

025

タンテ

die **Tante**

名｜女 おば
複 die **Tanten**
▪ die **Nichte**「めい」

026

マン

der **Mann**

名｜男 男性；夫
複 die **Männer**

027

フラオ

die **Frau**

名｜女 女性；妻
複 die **Frauen**

028

ゲシュヴィスター

das **Geschwister**

名｜中 兄弟姉妹，きょうだい
複 die **Geschwister**《ふつう複数形で》

イッヒ　ヴォーネ　ノッホ　バイ　マイネン　エルターン
Ich wohne noch bei meinen Eltern.
私はまだ実家住まいです（両親と一緒に暮らしています）。
▶ wohnen 290「住む」 noch 162「まだ」

ハーベン　ズィー　キンダー
Haben Sie Kinder?
お子さんはいらっしゃいますか。
▶ haben 270「〜を持っている」

イッヒ　ベズーヘ　ホイテ　マイネン　オンケル
Ich besuche heute meinen Onkel.
今日，私はおじを訪ねます。
▶ besuchen 158「〜を訪問する」 heute 415「今日」

ウンゼレ　タンテ　コムト　ホイテ　ツー　ウンス
Unsere Tante kommt heute zu uns.
おばが今日私たちのところへ来ます。
▶ kommen 355「来る」

デア　マン　イスト　ユング
Der Mann ist jung.
あの男性は若い。
▶ jung 428「若い」

ケネン　ズィー　ディー　フラオ
Kennen Sie die Frau?
あの女性をご存知ですか。
▶ kennen 075「《実際に見聞きして》知っている」

ハーベン　ズィー　ゲシュヴィスター
Haben Sie Geschwister?
ごきょうだいはいますか。
▶ 返答 Ich habe keine Geschwister.「きょうだいはいません」

| 1回目 | 年 月 日 ／7 | 2回目 | 年 月 日 ／7 | 3回目 | 年 月 日 ／7 | 達成率 5 % |

17

029
ユンゲ
der **Junge**

名|男 男の子

複 die Jungen
- 男性弱変化名詞

030
メートヒェン
das **Mädchen**

名|中 女の子，少女

複 die Mädchen

031
ヘア
der **Herr**

名|男 男性，紳士；～氏 (= Mr.《英》)

複 die Herren
- **Sehr geehrter Herr ～.**「拝啓, ～様」
- **Herren**「紳士用《トイレの標示》」

032
ダーメ
die **Dame**

名|女 女性，淑女，ご婦人

複 die Damen
- **Frau**「～さん（= Mrs.《英》）」
- **Damen**「婦人用《トイレの標示》」

033
メンシュ
der **Mensch**

名|男 人間

複 die Menschen
- 男性弱変化名詞

034
ロイテ
die **Leute**

名|複 人々

035
フロイント
der **Freund**

名|男 男友達，ボーイフレンド

複 die Freunde
- die **Freundin**「女友達, ガールフレンド」
  （複 die Freundinnen）

デア　ユンゲ　シュピールト　グート　ガイゲ

Der [Junge] spielt gut Geige.

その少年はバイオリンがうまい。

▶ spielen 352「演奏する」 gut 461「上手な」 die Geige「バイオリン」

ダス　メートヒェン　ズィングト　グート

Das [Mädchen] singt gut.

その少女は歌がうまい。

▶ singen 112「歌う」

ゼーア　ゲエールター　ヘア　シュミット

Sehr geehrter [Herr] Schmidt!

拝啓，親愛なるシュミット様

ヴェーア イスト ディー ユンゲ ダーメ

Wer ist die junge [Dame]?

あの若いご婦人はどなた？

▶ jung 428「若い」

フィーレ　メンシェン　ファイエルン イン ディーゼム パルク

Viele [Menschen] feiern in diesem Park.

たくさんの人たちがこの公園でパーティーをしています。

▶ viel 492「たくさんの」 feiern「祝う」 der Park 392「公園」

ディー　ユンゲン　ロイテ　ヴォレン　ニヒト　ハイラーテン

Die jungen [Leute] wollen nicht heiraten.

若い人たちは結婚したがりません。

▶ wollen 179「～するつもりだ」 nicht 323「～ない」 heiraten「結婚する」

エア イスト マイン アルター フロイント

Er ist mein alter [Freund].

彼は昔からの友人です。

▶ alt 429「古い」

1回目	年 月 日 ／7	2回目	年 月 日 ／7	3回目	年 月 日 ／7	達成率 7 %

036 □□□
ブーフ
das **Buch**

名|中 本
複 die Bücher
▪ das **Bücherregal**「本棚」

---

037 □□□
ヘフト
das **Heft**

名|中 ノート
複 die Hefte
▪ der **Bleistift**「鉛筆」
▪ der **Radiergummi**「消しゴム」

---

038 □□□
レーゼン
lesen
活用 p.172

動 読む
▪ 不規則動詞

---

039 □□□
ウンターリヒト
der **Unterricht**

名|男 授業
複 die Unterrichte

---

040 □□□
シューレ
die **Schule**

名|女 学校
複 die Schulen
▪ **zur Schule gehen**「学校へ行く」

---

041 □□□
レルネン
lernen
活用 p.172

動 習う，学ぶ

---

042 □□□
シュトゥディーレン
studieren
活用 p.175

動 大学で学ぶ

ダス　ブーフ　イスト　インテレサント

Das [Buch] ist interessant.

この本はおもしろいよ。

▶ interessant **483**「おもしろい」

ゲヘールト　ダス　ヘフト　ディーア

Gehört das [Heft] dir?

このノートは君のもの？

▶ gehören **070**「〜のものである」

イッヒ　レーゼ　ゲルン　コミックス

Ich [lese] gern Comics.

私はマンガを読むのが好きです。

▶ 動詞＋gern **267**「〜するのが好きだ」der Comic「マンガ」

ホイテ　ハーベ　イッヒ　ウンターリヒト　バイ　プロフェッソア　シュミット

Heute habe ich [Unterricht] bei Professor Schmidt.

今日，シュミット先生の授業がある。

▶ haben **270**「〜を持っている」der Professor **049**「（男性の）教授」

ヴォー　リークト　ダイネ　シューレ

Wo liegt deine [Schule]?

君の学校はどこにあるの？

▶ wo **220**「どこ」liegen **339**「ある」

イッヒ　レルネ　ドイチュ

Ich [lerne] Deutsch.

私はドイツ語を習っています。

▶ Deutsch「ドイツ語」

マイン　ブルーダー　シュトゥディールト　メディツィーン

Mein Bruder [studiert] Medizin.

私の兄は医学を学んでいます。

▶ der Bruder **018**「兄」die Medizin「医学」

043

ホーホシューレ

die **Hochschule**

名|女 大学，単科大学

複 die Hochschulen

044

ウニヴェルジテート

die **Universität**

名|女 総合大学

複 die Universitäten
- die **Uni**「大学《Universität の短縮形》」

045

ギムナージウム

das **Gymnasium**

名|中 ギムナジウム《中等教育機関》

複 die Gymnasien

046

シューラー

der **Schüler**

名|男 男子生徒

複 die Schüler
- die **Schülerin**「女子生徒」
（複 die Schülerinnen）

047

シュトゥデント

der **Student**

名|男 男子学生

複 die Studenten ・男性弱変化名詞
- die **Studentin**「女子学生」
（複 die Studentinnen）

048

レーラー

der **Lehrer**

名|男 （男性の）先生

複 die Lehrer
- die **Lehrerin**「（女性の）先生」
（複 die Lehrerinnen）

049

プロフェッソア

der **Professor**

名|男 （男性の）教授

複 die Professoren
- die **Professorin**「（女性の）教授」
（複 die Professorinnen）

アン ディーザー　ホーホシューレ　カン　マン　ムズィーク　シュトゥディーレン
An dieser Hochschule kann man Musik studieren.
この大学では音楽を学ぶことができます。
▶ die Musik 107「音楽」 studieren 042「大学で学ぶ」

ティー エルテステ　ウニヴェルジテート　イン　ドイチュラント　イスト　ハイデルベルク
Die älteste Universität in Deutschland ist Heidelberg.
ドイツで一番古い大学はハイデルベルク大学です。
▶ ältest「もっとも古い」 Deutschland「ドイツ」

マイン　ゾーン　ベズーフト　ダス　ギムナージウム
Mein Sohn besucht das Gymnasium.
私の息子はギムナジウムに通っています。
▶ der Sohn 020「息子」 besuchen 158「～を訪問する」

マイン　ブルーダー　イスト　ノッホ　シューラー
Mein Bruder ist noch Schüler.
私の弟はまだ生徒です。
▶ der Bruder 018「弟」 noch 162「まだ」

マイン　ブルーダー　イスト　シュトゥデント
Mein Bruder ist Student.
私の兄は学生です。

デア　レーラー　ロープト ウンス オフト
Der Lehrer lobt uns oft.
その先生は私たちをよくほめてくれます。
▶ loben「ほめる」 oft 164「しばしば」

エア イスト　プロフェッソア　アン デア キョート　ウニヴェルジテート
Er ist Professor an der Kyoto Universität.
彼は京都大学の教授です。

| 1回目 | 年 月 日 /7 | 2回目 | 年 月 日 /7 | 3回目 | 年 月 日 /7 | 達成率 9 % |

23

050 □ □ □
シュプラーヘ
die **Sprache**
名|女 言語
複 die Sprachen

051 □ □ □
ヴォルト
das **Wort**
名|中 単語，語
複 die Wörter

052 □ □ □
ゲスィヒテ
die **Geschichte**
名|女 歴史
複 die Geschichten

053 □ □ □
プリューフング
die **Prüfung**
名|女 試験
複 die Prüfungen

054 □ □ □
フラーゲ
die **Frage**
名|女 質問，問題
複 die Fragen
▪ fragen「質問する」

055 □ □ □
プロブレーム
das **Problem**
名|中 問題
複 die Probleme

056 □ □ □
アントヴォルト
die **Antwort**
名|女 答え
複 die Antworten
▪ antworten「答える」

ヴェルヒェ　シュプラーヘ　シュプリヒト　マン　イン　エスターライヒ
Welche Sprache spricht man in Österreich?

オーストリアでは何語が話されていますか。

▶ welch「何の，どの」 sprechen 226「話す」 Österreich「オーストリア」

イッヒ　シュラーゲ　アイン　ヴォルト　イム　ヴェルターブーフ　ナーハ
Ich schlage ein Wort im Wörterbuch nach.

私は辞書で単語を調べます。

▶ nach|schlagen「調べる」 das Wörterbuch「辞書」

リーナ　シュトゥディールト　ドイチェ　ゲスィヒテ
Rina studiert deutsche Geschichte.

リーナはドイツ史を学んでいます。

▶ studieren 042「大学で学ぶ」 deutsch「ドイツの」

フューア　ディー　プリューフング　レルネ　イッヒ　フライスィヒ
Für die Prüfung lerne ich fleißig.

試験のために私は一生懸命勉強します。

▶ für 147「～のために」 lernen 041「学ぶ」 fleißig 460「勤勉な」

イッヒ　ハーベ　アイネ　フラーゲ　アン　ズィー
Ich habe eine Frage an Sie.

あなたに質問があるのですが。

▶ haben 270「～を持っている」

ダス　イスト　カイン　プロブレーム
Das ist kein Problem.

問題ないです（大丈夫です）。

▶ kein「～ない」

イッヒ　エアヴァルテ　イーレ　アントヴォルト
Ich erwarte Ihre Antwort.

あなたのご回答をお待ちしています。

▶ erwarten「期待する」

1回目	年 月 日 ／7	2回目	年 月 日 ／7	3回目	年 月 日 ／7	達成率 11 %

057 □□□
フィルマ
die **Firma**
名|女 会社
複 die Firmen

058 □□□
ビュロー
das **Büro**
名|中 オフィス，事務所
複 die Büros

059 □□□
アルバイト
die **Arbeit**
名|女 仕事
複 die Arbeiten
▪ **arbeiten**「働く」

060 □□□
ヴェルク
das **Werk**
名|中 仕事，作品
複 die Werke

061 □□□
ベルーフ
der **Beruf**
名|男 職業
複 die Berufe

062 □□□
アルバイター
der **Arbeiter**
名|男 労働者
複 die Arbeiter

063 □□□
ガスト
der **Gast**
名|男 客
複 die Gäste

マイン　ブルーダー　アルバイテト　バイ　アイナー　ヤパーニッシェン　フィルマ

Mein Bruder arbeitet bei einer japanischen Firma.

私の兄はある日本の会社で働いています。

▶ der Bruder 018「兄」 arbeiten 294「働く」 japanisch「日本の」

エア　イスト　ゲヴィス　イム　ビュロー

Er ist gewiß im Büro.

彼きっと事務所にいるよ。

▶ gewiß「きっと」 sein 010「〜である」

マックス　フィンデト　アイネ　アルバイト　イン　ヤーパン

Max findet eine Arbeit **in Japan.**

マックスは日本でとある仕事を見つける。

▶ finden 272「〜を見つける」 Japan「日本」

ダス　イスト　アイン　ヴェルク　フォン　フランツ　カフカ

Das ist ein Werk **von Franz Kafka.**

これはフランツ・カフカが書いた作品です。

ヴァス　ズィント　ズィー　フォン　ベルーフ

Was sind Sie von Beruf?

ご職業は何ですか。

ダス　ズィント　ディー　アルバイター　イン　デア　ファブリーク

Das sind die Arbeiter **in der Fabrik.**

この人たちはこの工場で働く労働者です。

▶ die Fabrik「工場」

ヴィーア　ハーベン　ホイテ　ゲステ

Wir haben heute Gäste.

今日，来客があります。

▶ haben 270「〜を持っている」 heute 415「今日」

1回目	年 月 日 ／7	2回目	年 月 日 ／7	3回目	年 月 日 ／7	達成率 12 %

27

064

テレフォーン

das **Telefon**

名|中 電話

複 die Telefone
- das **Handy**「携帯電話」
- das **Smartphone**「スマートフォン」

065

ツアイトゥング

die **Zeitung**

名|女 新聞

複 die Zeitungen
- die **Zeitschrift**「雑誌」

066

ラーディオ

das **Radio**

名|中 ラジオ

複 die Radios

067

カメラ

die **Kamera**

名|女 カメラ

複 die Kameras
- **fotografieren**「写真を撮る」

068

コンピューター

der **Computer**

名|男 コンピュータ

複 die Computer

069

アン ルーフェン

an|rufen
活用 p.166

動 (〜⁴に) 電話をする

- 分離動詞
- **ans Telefon gehen**「電話に出る」

070

ゲヘーレン

gehören
活用 p.170

動 〜〈物〉¹は…〈人〉³のものである

ダス　テレフォーン　クリンゲルト
Das [Telefon] klingelt.

電話が鳴ってるよ。

▶ klingeln「鳴る」

イム　キオスク　ケネン　ズィー　アイネ　ツアイトゥング　カオフェン
Im Kiosk können Sie eine [Zeitung] kaufen.

（あなたは）キオスクで新聞が買えますよ。

▶ der Kiosk「キオスク（売店）」 können **176**「～できる」 kaufen **103**「買う」

バイム　アウトファーレン　ヘーレ　イッヒ　オフト　ラーディオ
Beim Autofahren höre ich oft [Radio].

車の運転をしているときに私はよくラジオを聴きます。

▶ beim「～の際に」 das Autofahren「運転（すること）」 oft **164**「しばしば」

ハスト　ドゥー　ダイネ　カメラ
Hast du deine [Kamera]?

カメラを持ってる？

▶ haben **270**「～を持っている」

イッヒ　メヒテ　アイネン　ノイエン　コンピューター
Ich möchte einen neuen [Computer].

私は新しいコンピュータがほしいです。

▶ möchte **182**「～がほしい」 neu **470**「新しい」

ルーフ　ミッヒ　アン
[Ruf] mich [an]!

電話してね！

デア　クーリ　ゲヘールト　マイネム　ファーター
Der Kuli [gehört] meinem Vater.

このボールペンは私の父のものです。

▶ der Kuli「ボールペン」 der Vater **016**「父」

1回目	年　月　日 ／7	2回目	年　月　日 ／7	3回目	年　月　日 ／7	達成率 **14 %**

071 □□□
トゥン
tun
活用 p.176

動 する
- Mir tut der Kopf weh. 「頭が痛む」

072 □□□
マッヘン
machen
活用 p.173

動 する；作る

073 □□□
ヴェルデン
werden
活用 p.177

動 〜になる
- 不規則動詞
助動 〜だろう, 〜するつもりだ〈未来〉

074 □□□
レグネン
regnen
活用 p.173

動 雨が降る
- der Regenschirm 「傘」

075 □□□
ケネン
kennen
活用 p.171

動 《実際に見聞きして》知っている

076 □□□
ヴィッセン
wissen
活用 p.177

動 《知識・情報として》知っている
- 不規則動詞

077 □□□
エントシュルディゲン
entschuldigen
活用 p.168

動 許す
- Entschuldigung! 「すみません」

イッヒ トゥーエ ヴァス イッヒ カン
Ich tue, was ich kann.
私はできることはしますよ。
▶ können **176**「～できる」

ヴァス マハスト ドゥー デン ダー
Was machst du denn da?
そこで君はいったい何をしているの？
▶ was **219**「何を」 denn **316**「いったいぜんたい」

ヴァス ヴィルスト ドゥー ヴェルデン
Was willst du werden?
君は何になるつもりなの？
▶ 返答 Ich will Lehrer werden.「教師になるつもりです」

エス レグネット ヘフティヒ
Es regnet heftig.
激しい雨が降っています。
▶ heftig「激しい」

イッヒ ケネ ダイネン ファーター
Ich kenne deinen Vater.
君のお父さんを知ってるよ。
▶ der Vater **016**「父」

イッヒ ヴァイス ダス エア ホイテ ニヒト コムト
Ich weiß, dass er heute nicht kommt.
彼が今日来ないということを知っています。
▶ heute **415**「今日」 nicht **323**「～ない」 kommen **355**「来る」

エントシュルディゲン ズィー
Entschuldigen Sie!
すみません！

	年 月 日		年 月 日		年 月 日	達成率
1回目	／7	2回目	／7	3回目	／7	**15 %**

078
ブロート
das **Brot**

名|中 パン
複 die Brote
▪ das Brötchen「小さいパン」

079
ライス
der **Reis**

名|男 米

080
フライシュ
das **Fleisch**

名|中 肉
複 die Fleisch

081
フィッシュ
der **Fisch**

名|男 魚
複 die Fische

082
アイ
das **Ei**

名|中 卵
複 die Eier
▪ ein hartes Ei「固ゆで卵」

083
ゲミューゼ
das **Gemüse**

名|中 野菜

084
オプスト
das **Obst**

名|中 果物

ツーム フリューシュトュック エッセ イッヒ マイステンス ブロート ミット ブッター

Zum Frühstück esse ich meistens Brot mit Butter.

朝食にはたいていバターをつけたパンを食べます。

▶ das Frühstück 098「朝食」 meistens「たいていは」

イン ヤーパン イスト マン ライス

In Japan isst man Reis.

日本の主食は米です。

▶ Japan「日本」 essen 085「食べる」

ヴァス エッセン ズィー リーバー フライシュ オーダー フィッシュ

Was essen Sie lieber: Fleisch oder Fisch?

肉と魚はどちらが好きですか。

▶ lieber 329「より好んで」 oder 311「あるいは」

イッヒ エッセ リーバー フィッシュ

Ich esse lieber Fisch.

私は魚のほうが好きです。

イッヒ エッセ ゲルン アイン ハルテス アイ

Ich esse gern ein hartes Ei.

私は固ゆで卵が好きです。

▶ hart「かたい」

リーナ イスト フィール ゲミューゼ

Rina isst viel Gemüse.

リーナは野菜をたくさん食べます。

▶ viel 492「たくさんの」

エッセン ズィー ゲルン オブスト

Essen Sie gern Obst?

果物はお好きですか。

◆ 動詞の構造

ドイツ語の動詞の原形を「不定詞」といいます。不定詞は語幹と語尾 -en から成り立っています。

$$\underset{\text{不定詞}}{\textbf{lernen}} \Rightarrow \underset{\text{語幹}}{\textbf{lern}} + \underset{\text{語尾}}{\textbf{en}}$$

◆ 現在人称変化（規則変化）

ドイツ語の動詞は主語の人称に応じて語尾の -en が変化します。これを「人称変化」といいます。また，人称変化によって生じた動詞の形を不定詞に対して「定動詞」といいます。

		kommen	wohnen	studieren
ich	私は	komme	wohne	studiere
du	君は	kommst	wohnst	studierst
er / sie / es	彼は・彼女は・それは	kommt	wohnt	studiert
wir	私たちは	kommen	wohnen	studieren
ihr	君たちは	kommt	wohnt	studiert
sie	彼らは	kommen	wohnen	studieren
Sie	あなた（がた）は	kommen	wohnen	studieren

◆ 現在人称変化　発音上の例外

動詞の規則変化の中には以下のような発音上の例外があります。

	口調上の e （語幹が t・d で終わる動詞）		歯音の省略 （語幹が s・z で終わる動詞）	
	arbeiten	finden	reisen	sitzen
ich	arbeite	finde	reise	sitze
du	*arbeitest*	*findest*	*reist*	*sitzt*
er / sie / es	*arbeitet*	*findet*	reist	sitzt
wir	arbeiten	finden	reisen	sitzen
ihr	*arbeitet*	*findet*	reist	sitzt
sie	arbeiten	finden	reisen	sitzen
Sie	arbeiten	finden	reisen	sitzen
	二人称単数・複数，三人称単数で 発音上，口調を整えるため e を入れます。		二人称単数で 人称変化語尾の s を省略します。	

◆ 平叙文

平叙文では動詞は文の第2番目の要素に置かれます。これを「定動詞第2位の法則」といいます。動詞を文の2番目の位置に置けば，あとは比較的自由な配語が可能です。

Thomas	wohnt	jetzt	in Berlin.
トーマスは今ベルリンに住んでいます。			
In Berlin	wohnt	Thomas	jetzt.
ベルリンにトーマスは今，住んでいます。			
Jetzt	wohnt	Thomas	in Berlin.
今，トーマスはベルリンに住んでいます。			

◆ 疑問文

決定疑問文（はい，いいえで答える疑問文）の場合は動詞を先頭に置きます。

Wohnt	Thomas	jetzt	in Berlin?
トーマスは今ベルリンに住んでいますか。			

返答例：Ja, er wohnt jetzt in Berlin. ／ Nein, er wohnt jetzt nicht in Berlin.
はい，彼は今ベルリンに住んでいます。／いいえ，彼は今ベルリンには住んでいません。

補足疑問文（疑問詞つきの疑問文）の場合は疑問文を先頭に置き，定動詞を第二位の位置に置きます。

Wo	wohnt	Thomas	jetzt?
どこにトーマスは今住んでいますか。			

返答例：Er wohnt jetzt in Berlin.　彼は今ベルリンに住んでいます。

文法プラスα　1
並列の接続詞と従属の接続詞

並列の接続詞（und, aber, oder, denn など）は単純に文と文，語と語をつなぎ，語順に影響を与えません。

- Ich kaufe die Jacke und den Rock.（例文 310）
- Er kommt heute nicht, denn er hat Fieber.（例文 316）

従属の接続詞（weil, als, wenn など）は副文を導きます。副文では定動詞が文末に置かれます（定型後置）。

- Wir gehen nach Hause, weil es regnet.（例文 320）
- Wenn das Wetter schön ist, machen wir einen Ausflug.（例文 322）

085 □
□
□
エッセン
essen
活用 p.169

動 食べる
▪ 不規則動詞

086 □
□
□
トリンケン
trinken
活用 p.176

動 飲む

087 □
□
□
アプフェル
der **Apfel**

名|男 りんご
複 die Äpfel
▪ der **Apfelsaft** 「りんごジュース」

088 □
□
□
ブッター
die **Butter**

名|女 バター

089 □
□
□
クーヘン
der **Kuchen**

名|男 ケーキ
複 die Kuchen
▪ der **Baumkuchen** 「バウムクーヘン」

090 □
□
□
ショコラーデ
die **Schokolade**

名|女 チョコレート，ココア
複 die Schokoladen

091 □
□
□
ビーア
das **Bier**

名|中 ビール

ヴァス　エッセン　ズィー　ゲルン
Was essen Sie gern?

何を食べるのが好きですか。

▶ 動詞＋gern 267「〜するのが好きだ」

ヴァス　メヒテン　ズィー　トリンケン
Was möchten Sie trinken?

何をお飲みになりたいですか。

▶ was 219「何を」 möchte 182「〜したい」

イッヒ　エッセ　アム　リープステン　エプフェル
Ich esse am liebsten Äpfel.

私の一番好きな果物はりんごです。

▶ am liebsten「一番好きな」

イッヒ　ブラオヘ　フンデルト　グラム　ブッター
Ich brauche hundert Gramm Butter.

バターが100グラム必要です。

▶ brauchen 263「〜を必要とする」 hundert「100」

メヒテン　ズィー　ノッホ　アイン　シュトゥック　クーヘン
Möchten Sie noch ein Stück Kuchen?

もう一切れケーキをいかがですか。

ショコラーデ　イスト　バイ　アレン　ゲネラツィオン　ベリープト
Schokolade ist bei allen Generation beliebt.

チョコレートはあらゆる世代の人に好まれます。

▶ bei 503「〜のもとで」 all「すべて」 die Generation「世代」 beliebt「人気のある」

ビーア　アオス　ドイチュラント　イスト　ヴェルトヴァイト　ベカント
Bier aus Deutschland ist weltweit bekannt.

ドイツのビールは世界中で有名です。

▶ Deutschland「ドイツ」 weltweit「世界的に」 bekannt「有名な」

| 1回目 | 年 月 日 ／7 | 2回目 | 年 月 日 ／7 | 3回目 | 年 月 日 ／7 | 達成率 18 % |

092
テー
der **Tee**

名|男 お茶，紅茶

093
ミルヒ
die **Milch**

名|女 牛乳，ミルク
- Tee mit Milch「ミルクティー」

094
カフェー
der **Kaffee**

名|男 コーヒー

095
ヴァイン
der **Wein**

名|男 ワイン

096
ズッペ
die **Suppe**

名|女 スープ
- Suppe essen「スープを飲む」

097
ツッカー
der **Zucker**

名|男 砂糖
- das Salz「塩」
- ein Löffel Zucker「砂糖スプーン1杯」

098
フリューシュトゥック
das **Frühstück**

名|中 朝食
複 die Frühstücke
- das Mittagessen「昼食」
- das Abendessen「夕食」

トリンケン　ズィー　テー
Trinken Sie Tee?
紅茶をお飲みになりますか。
▶ trinken 086「飲む」

イッヒ　トリンケ　ゲルン　テー　ミット　ミルヒ
Ich trinke gern Tee mit Milch.
私はミルクティーが好きです。
▶ 動詞＋gern 267「〜するのが好きだ」

イッヒ　トリンケ　カイネン　カフェー
Ich trinke keinen Kaffee.
私はコーヒーを飲みません。
▶ kein「〜ない」

イッヒ　トリンケ　ゲルン　ビーア　アーバー　リーバー　ヴァイン
Ich trinke gern Bier, aber lieber Wein.
私はビールが好きですが，ワインのほうがもっと好きです。
▶ das Bier 091「ビール」 aber 313「しかし」 lieber 329「より好んで」

イッヒ　メヒテ　ヴァルメ　ズッペ　エッセン
Ich möchte warme Suppe essen.
私は温かいスープが飲みたいです。
▶ möchte 182「〜したい」 warm 487「温かい」

イッヒ　トリンケ　カフェー　オーネ　ツッカー
Ich trinke Kaffee ohne Zucker.
私はコーヒーは砂糖なしで飲みます。
▶ ohne 328「〜なしに」

ツーム　フリューシュトゥック　エッセ　イッヒ　マイステンス　ミューズリ
Zum Frühstück esse ich meistens Müsli.
朝食に私はたいていミューズリーを食べます。
▶ meistens「たいていは」 das Müsli「ミューズリー（シリアル食品の一種）」

1回目	年　月　日 ／7	2回目	年　月　日 ／7	3回目	年　月　日 ／7	達成率 19 %

099
ゲシェフト
das Geschäft

名|中 店；商売
複 die Geschäfte
▪ der **Laden**「（小売りの）商店」

100
ゲルト
das Geld

名|中 お金

101
ベシュテレン
bestellen
活用 p.167

動 ～を注文する

102
コステン
kosten
活用 p.172

動 ～の価格である

103
カオフェン
kaufen
活用 p.171

動 ～を買う
▪ ein|**kaufen**「購入する，買い物をする」
▪ ver**kaufen**「売る」

104
ベツァーレン
bezahlen
活用 p.167

動 ～の代金を支払う
▪ **zahlen**「～を支払う」

105
カッセ
die **Kasse**

名 レジ
複 die Kassen

ズィント ディー ゲシェフテ イン ドイチュラント ゾンタークス ゲエフネット
Sind die [Geschäfte] in Deutschland sonntags geöffnet?
ドイツでは日曜日もお店は開いていますか。
▶ **Deutschland**「ドイツ」 **sonntags**「日曜日に」 **öffnen** 273「～を開ける」

イッヒ ハーベ ホイテ ライダー カイン ゲルト ダーバイ
Ich habe heute leider kein [Geld] dabei.
僕は今日，残念なことにお金を持ち合わせていないんだ。
▶ **leider**「残念なことに」 **kein**「～ない」 **dabei|haben**「持っている」

ヴィーア メヒテン ゲルン ベシュテレン
Wir möchten gern [bestellen].
注文をお願いしたいのですが。
▶ **möchte** 182「～したい」 **gern** 267「好んで」

ヴァス コステット ダス
Was [kostet] das?
これはおいくらですか。

イッヒ カオフェ ミーア ディーゼ ツェーデー
Ich [kaufe] mir diese CD.
私は（自分に）この CD を買います。

ベツァーレン ズィー ゲトレント オーダー ツザメン
[Bezahlen] Sie getrennt oder zusammen?
お会計はご一緒ですか，それとも別々になさいますか。
▶ **getrennt**「別々に」 **oder** 311「あるいは」 **zusammen** 268「一緒に」

ビッテ アン デア カッセ ベツァーレン
Bitte an der [Kasse] [bezahlen]!
レジでお支払いください！

106 □
フィルム
der **Film**
名|男 映画，フィルム
複 die Filme

107 □
ムズィーク
die **Musik**
名|女 音楽
複 die Musiken

108 □
リート
das **Lied**
名|中 歌，歌曲
複 die Lieder

109 □
クラヴィーア
das **Klavier**
名|中 ピアノ
複 die Klaviere
▪ Klavier spielen「ピアノを弾く」

110 □
ヘーレン
hören
活用 p.171
動 聞く
▪ hören＋不定詞「～するのが聞こえる」

111 □
ゼーエン
sehen
活用 p.174
動 見る
▪ 不規則動詞

112 □
ズィンゲン
singen
活用 p.175
動 歌う

スィー ズィート ゲルン フィルメ
Sie sieht gern Filme.
彼女は映画を見るのが好きです。
▶ 動詞＋gern 267「〜するのが好きだ」

スィー フリークト ナーハ ヴィーン ウム ムズィーク ツー シュトゥディーレン
Sie fliegt nach Wien, um Musik zu studieren.
彼女は音楽を勉強するためにウィーンに行きます。
▶ fliegen 210「飛行機で行く」 nach 256「〜へ」 studieren 042「大学で学ぶ」

ダス リート イスト ベカント
Das Lied ist bekannt.
この歌はよく知られています。
▶ bekannt「有名な」

イェーデン ターク ユープト マリア クラヴィーア
Jeden Tag übt Maria Klavier.
毎日，マリアはピアノを練習します。
▶ jeden Tag 412「毎日」 üben「練習する」

イッヒ ヘーレ キンダー ズィンゲン
Ich höre Kinder singen.
子どもたちが歌うのが聞こえます。
▶ das Kind 023「子ども」

フォン ヒーア アオス カン マン デン キルヒトゥルム ゼーエン
Von hier aus kann man den Kirchturm sehen.
ここから教会の塔が見えます。
▶ von hier aus 171「ここから」 der Kirchturm「教会の塔」

ディー キンダー ズィンゲン シェーン
Die Kinder singen schön.
その子どもたちは美しく歌います。
▶ schön 469「美しい」

| 1回目 | 年 月 日 / 7 | 2回目 | 年 月 日 / 7 | 3回目 | 年 月 日 / 7 | 達成率 22 % |

113
ビルト
das **Bild**

名|中 絵；写真
複 die Bilder

114
ヴァイス
weiß

形 白い

115
シュヴァルツ
schwarz

形 黒い

116
ロート
rot

形 赤い

117
ブラオ
blau

形 青い

118
ゲルプ
gelb

形 黄色い

119
グリューン
grün

形 緑の

アン デア ヴァント ヘングト アイン ビルト
An der Wand hängt ein [Bild].

壁には 1 枚の絵が掛かっています。

▶ die Wand「壁」 hängen 335「かかっている」

ヴェーア イスト デア マン ミット デム ヴァイセン ヘムト
Wer ist der Mann mit dem [weißen] Hemd?

白いシャツを着ているあの男性は誰ですか。

▶ wer 218「誰が」 der Mann 026「男性」 das Hemd「シャツ」

ダイン シュヴァルツェス ハール イスト シェーン
Dein [schwarzes] Haar ist schön.

君の黒い髪はきれいだね。

▶ das Haar「髪」 schön 469「美しい」

ズィー トレークト アイネン ローテン マンテル
Sie trägt einen [roten] Mantel.

彼女は赤いコートを着ている。

▶ tragen 332「身につけている」 der Mantel「コート」

シュテファン ハット ブラウエ アオゲン
Stefan hat [blaue] Augen.

シュテファンは青い目をしている。

▶ haben 270「〜を持っている」 das Auge「目」

ディー ブレッター ヴェルデン ゲルプ
Die Blätter werden [gelb].

葉が黄色に色づく。

▶ das Blatt 394「葉」 werden 073「〜になる」

ディー アムペル イスト グリューン
Die Ampel ist [grün].

信号は緑（青）だ。

▶ die Ampel「信号」

120 □ □ □
ブラオン
braun
形 茶色の

121 □ □ □
グラオ
grau
形 グレーの

122 □ □ □
アンダー
ander
形 他の，別の，もう一方の

123 □ □ □
ヤッケ
die **Jacke**
名|女 上着，ジャケット
複 die Jacken
▪ der **Anzug**「(上下揃いの)スーツ」

124 □ □ □
ブリレ
die **Brille**
名|女 メガネ
複 die Brillen
▪ eine Brille tragen「メガネをかける」

125 □ □ □
シュー
der **Schuh**
名|男 靴
複 die Schuhe

126 □ □ □
タッシェ
die **Tasche**
名|女 かばん，バッグ
複 die Taschen

ズィー ハット ブラオネス ハール

Sie hat braunes Haar.

彼女は茶色の髪をしている。

▶ **haben** 270「〜を持っている」 **das Haar**「髪」

デア ヒメル イスト グラオ

Der Himmel ist grau.

空は灰色だ。

▶ **der Himmel** 378「空」

イッヒ ビン アンデラー マイヌング

Ich bin anderer Meinung.

私は別の意見です。

▶ **die Meinung**「意見」

ディー ヤッケ ゲフェールト ミーア

Die Jacke gefällt mir.

このジャケット気に入ったわ。

▶ **gefallen** 140「気に入る」

エア トレークト アイネ ブリレ

Er trägt eine Brille.

彼はメガネをかけているよ。

▶ **tragen** 332「身につけている」

ディー シューエ パッセン ミーア グート

Die Schuhe passen mir gut.

この靴は私にぴったりだ。

▶ **passen**「(サイズが)合う」 **gut** 461「よい」

ヴェム ゲヘールト ディー タッシェ

Wem gehört die Tasche?

このバッグは誰のもの？

▶ **wem**「誰に」：**wer** 218「誰が」の3格 **gehören** 070「〜のものである」

127 □□□ エーアスト
erst
形 1番目の《序数》
副 初めに，やっと

128 □□□ ツヴァイト
zweit
形 2番目の《序数》

129 □□□ ネヒスト
nächst
形 次の

130 □□□ レッツト
letzt
形 最後の

131 □□□ ハルプ
halb
形 半分の

132 □□□ バイデ
beide
形 両方の

133 □□□ アル
all
不定代 すべての

ホイテ　イスト　デア　エーアステ　マイ
Heute ist der [erste] Mai.
今日は5月1日です。
▶ heute **415**「今日」 Mai「5月」

ゲーエン　ズィー　アン　デア　ツヴァイテン　エッケ　ナーハ　レヒツ
Gehen Sie an der [zweiten] Ecke nach rechts.
2つ目の角を右に曲がってください。
▶ gehen **354**「行く」 die Ecke「角」 nach **256**「～へ」 rechts **255**「右に」

ビス　ネヒステ　ヴォッヘ
Bis [nächste] Woche!
また来週ね！
▶ bis **257**「～まで」 die Woche **420**「週」

ベアイル　ディヒ　ゾンスト　フェアパスト　ドゥー　デン　レッツテン　ツーク
Beeil dich! Sonst verpasst du den [letzten] Zug.
急いで！　さもないと最終電車に遅れるよ。
▶ beeilen「急ぐ」 verpassen「乗り遅れる」 der Zug **190**「電車」

エス　イスト　ショーン　ハルプ　アハト
Es ist schon [halb] acht.
もう7時半だ。
▶ schon **163**「もう」

イッヒ　ハーベ　バイデ　ヘンデ　フォル
Ich habe [beide] Hände voll.
私，両手がふさがっているの。
▶ die Hand **348**「手」 voll **497**「いっぱいの」

アル　ディーゼ　キンダー　シュプレッヒェン　ドイチュ
[All] diese Kinder sprechen Deutsch.
この子たちはみんなドイツ語を話しますよ。
▶ das Kind **023**「子ども」 sprechen **226**「話す」 Deutsch「ドイツ語」

| 1回目 | 年 月 日 ／7 | 2回目 | 年 月 日 ／7 | 3回目 | 年 月 日 ／7 | 達成率 26 % |

134
ゲシェンク
das Geschenk

名|中 贈り物，プレゼント
複 die Geschenke

135
ゲブルツターク
der Geburtstag

名|男 誕生日

136
ヴァイナハテン
das Weihnachten

名|中 クリスマス

137
シェンケン
schenken
活用 p.174

動 贈る

138
ゲーベン
geben
活用 p.169

動 与える
▪ 不規則動詞
▪ es gibt 〜⁴「〜⁴(のもの) がある」

139
ベコメン
bekommen
活用 p.167

動 もらう，手にする

140
ゲファレン
gefallen
活用 p.170

動 〜が…³ の気に入る
▪ 不規則動詞

マイン　キント　フロイト　ズィッヒ　ユーバー　ダス　　ゲシェンク

Mein Kind freut sich über das Geschenk.

私の子どもは贈り物を喜んでいます。

▶ das Kind 023「子ども」 sich⁴ über ~⁴ freuen 141「~を喜ぶ」

アレス　　グーテ　ツーム　　ゲブルツターク

Alles Gute zum Geburtstag.

お誕生日おめでとう。

フローエ　　　ヴァイナハテン

Frohe Weihnachten**!**

メリー・クリスマス！

▶ froh「楽しい」

イッヒ　シェンケ　　　マイナー　　ムッター　デン　シャール

Ich schenke **meiner Mutter den Schal.**

私は母にこのマフラーをプレゼントするわ。

▶ die Mutter 017「母」 der Schal「マフラー」

ギープ　ミーア　ビッテ　ディー　シェーレ

Gib **mir bitte die Schere!**

そのハサミ取ってちょうだい！

▶ bitte 014「どうぞ」 die Schere「ハサミ」

ダス　キント　　ベコムト　　　ダス　シュピールツォイク　アルス　　ゲシェンク

Das Kind bekommt **das Spielzeug als** Geschenk.

その子どもは贈り物としてそのおもちゃをもらう。

▶ das Spielzeug「おもちゃ」

ヴィー　ゲフェルト　エス　イーネン　イン　キョート

Wie gefällt **es Ihnen in Kyoto?**

京都は気に入りましたか。

▶ wie 488「どのように」

| 1回目 | 年 月 日 ／7 | 2回目 | 年 月 日 ／7 | 3回目 | 年 月 日 ／7 | 達成率 27 % |

51

141 □□□
フロイエン
freuen
活用 p.169

動 ～を喜ばせる
- sich⁴ auf ～⁴ freuen「～を楽しみにする」
- sich⁴ über ～⁴ freuen「～を喜ぶ」

142 □□□
ダンケン
danken
活用 p.168

動 お礼を言う，感謝する

143 □□□
リーベン
lieben
活用 p.172

動 ～を愛する

144 □□□
ホッフェン
hoffen
活用 p.171

動 ～を望む

145 □□□
ヴンシェン
wünschen
活用 p.177

動 ～を望む，～を願う

146 □□□
ヴェーゲン
wegen

前 ～のために《理由》
- 2格支配
- wegen des Regens「雨のために」

147 □□□
フューア
für

前 ～にとって，～のために

ヴィーア　フロイエン　ウンス　アオフ　ディー　ゾンマーフェーリエン

Wir freuen uns auf die Sommerferien.

私たちは夏休みを楽しみにしています。

▶ die Sommerferien「夏休み」

イッヒ　ダンケ　イーネン　ヘルツリヒ

Ich danke Ihnen herzlich.

心よりお礼申し上げます。

▶ herzlich「心からの」

イッヒ　リーベ　ディヒ

Ich liebe dich.

愛してるわ。

▶ 返答 Ich dich auch.「僕もだよ」

イッヒ　ホッフェ　イン　ヴィーン　ムズィーク　ツー　シュトゥディーレン

Ich hoffe, in Wien Musik zu studieren.

私はウィーンで音楽の勉強をしたいです。

▶ die Musik 107「音楽」 studieren 042「大学で学ぶ」

イッヒ　ヴュンシェ　ディーア　グーテ　ベッセルング

Ich wünsche dir gute Besserung.

お大事に（よくなることを望みます）。

▶ gut 461「よい」 die Besserung「回復」

ヴェーゲン　クランクハイト　リークト　マイン　キント　イム　ベット

Wegen Krankheit liegt mein Kind im Bett.

うちの子は病気でベッドに寝ています。

▶ die Krankheit「病気」 liegen 339「横たわっている」 das Bett 284「ベッド」

フューア　ディヒ　トゥーエ　イッヒ　アレス

Für dich tue ich alles.

君のためなら何でもするよ。

▶ tun 071「する」 all 133「すべての」

1回目	年 月 日 ／7	2回目	年 月 日 ／7	3回目	年 月 日 ／7	達成率 29 %

53

148
ポスト
die **Post**

名|女 郵便局；郵便
- zur Post gehen「郵便局へ行く」

149
パピーア
das **Papier**

名|中 紙

150
ブリーフ
der **Brief**

名|男 手紙
複 die Briefe
- die **Briefmarke**「切手」

151
イー メイル
die **E-Mail**

名|女 メール
複 die E-Mails

152
アドレッセ
die **Adresse**

名|女 住所
複 die Adressen

153
シュライベン
schreiben
活用 p.174

動 ～を書く
- malen「《絵などを》描く」

154
シッケン
schicken
活用 p.174

動 ～を送る

ディー　ポスト　イスト　フォン　モンターク　ビス　フライターク　ゲエフネット

Die Post ist von Montag bis Freitag geöffnet.

郵便局は月曜日から金曜日まで開いています。

▶ Montag「月曜日」 bis 257「～まで」 Freitag「金曜日」 öffnen 273「開ける」

パッケン　ズィー　ダス　イン　パピーア

Packen Sie das in Papier!

これを紙で包んでください！

▶ packen「包む」

イッヒ　シュライベ　マイネン　エルターン　アイネン　ブリーフ

Ich schreibe meinen Eltern einen Brief.

私は両親に手紙を書きます。

▶ schreiben 153「書く」 die Eltern 022「両親」

フィーレン　ダンク　フューア　イーレ　イーメイル

Vielen Dank für Ihre E-Mail.

メールをありがとうございます。

▶ viel 492「多くの」 für 147「～にとって」

ゲーベン　ズィー　ミーア　イーレ　アドレッセ

Geben Sie mir Ihre Adresse?

あなたの住所を教えてくれますか。

▶ geben 138「与える」

エア　シュライプト　アイネン　ロマーン

Er schreibt einen Roman.

彼は長編小説を書いている。

▶ der Roman「長編小説」

イッヒ　ヴェルデ　ディーア　アイン　パケット　シッケン

Ich werde dir ein Paket schicken.

君に小包を送る予定です。

▶ werden 073「～するつもりだ」 das Paket「小包」

155
ヴィーダーゼーエン
das Wiedersehen

名|中 再会

156
トレッフェン
treffen
活用 p.176

動 会う
- 不規則動詞

157
アイン　ラーデン
ein|laden
活用 p.166

動 招待する
- 不規則動詞／分離動詞

158
ベズーヘン
besuchen
活用 p.167

動 ～を訪問する
- der Besuch「訪問」

159
ヴァルテン
warten
活用 p.176

動 待つ
- auf ～ ⁴ warten「～ ⁴ を待つ」

160
ブライベン
bleiben
活用 p.168

動 とどまる，滞在する

161
ツィーエン
ziehen
活用 p.177

動 引く；引っ越す

アオフ　ヴィーダーゼーエン
Auf Wiedersehen !
さようなら（また会うときまで）！

ホイテ　トレッフェ　イッヒ　ミッヒ　ミット　マイナー　フロインディン
Heute treffe ich mich mit meiner Freundin.
今日，私は友人と会います。《主語は女性》
▶ heute **415**「今日」 mit **500**「〜と一緒に」 die Freundin **035**「女友達」

イッヒ　メヒテ　オイヒ　ツーム　エッセン　アインラーデン
Ich möchte euch zum Essen einladen .
私は君たちを食事に招待したいです。
▶ möchte **182**「〜したい」 das Essen **288**「食事」

イン　ベルリーン　カンスト　ドゥー　フィーレ　ミュゼーン　ベズーヘン
In Berlin kannst du viele Museen besuchen .
ベルリンではたくさんの博物館を訪れることができるね。
▶ können **176**「〜できる」 viel **492**「たくさんの」 das Museum **233**「博物館」

アオフ　ヴェン　ヴァルテット　ズィー　ドルト
Auf wen wartet sie dort?
彼女はあそこで誰を待っているんだろう？
▶ wen「誰を」：wer **218**「誰が」の４格 dort **172**「そこで」

イッヒ　ヴィル　ヒィーア　ノッホ　アイネ　ヴォッヘ　ブライベン
Ich will hier noch eine Woche bleiben .
私はここにもう一週間とどまるつもりです。
▶ wollen **179**「〜するつもりだ」 noch **162**「まだ」 die Woche **420**「週」

イッヒ　ツィーエ　ナーハ　ミュンヒェン
Ich ziehe nach München.
私はミュンヘンに引っ越します。

| 1回目 | 年 月 日 ／7 | 2回目 | 年 月 日 ／7 | 3回目 | 年 月 日 ／7 | 達成率 **32 %** |

57

162 ☐
☐
☐
ノッホ
noch
副 まだ

163 ☐
☐
☐
ショーン
schon
副 もう

164 ☐
☐
☐
オフト
oft
副 しばしば

165 ☐
☐
☐
インマー
immer
副 いつも

166 ☐
☐
☐
ヴィーダー
wieder
副 また

167 ☐
☐
☐
アインマール
einmal
副 一度，かつて，いつか

168 ☐
☐
☐
シュペーター
später
副 後で

ダス　ベイビ　シュレーフト　ノッホ
Das Baby schläft [noch].
赤ちゃんはまだ寝ている。

▶ **das Baby** 023「赤ちゃん」 **schlafen** 438「眠る」

ハスト　ドゥー　ショーン　デン　フィルム　ゲゼーエン
Hast du [schon] den Film gesehen?
もうこの映画見た？

▶ **der Film** 106「映画」 **sehen** 111「見る」

ズィー　コムト　オフト　ツー　ベズーフ
Sie kommt [oft] zu Besuch.
彼女はよくやって来ますよ（訪れますよ）。

▶ **kommen** 355「来る」 **der Besuch** 158「訪問」

ズィー　デンクト　インマー　アン　イーレ　エルターン
Sie denkt [immer] an ihre Eltern.
彼女はいつも両親のことを考えている。

▶ **denken** 229「考える」 **die Eltern** 022「両親」

イッヒ　ヴェルデ　ディヒ　ヴィーダー　アンルーフェン
Ich werde dich [wieder] anrufen.
また君に電話するね。

▶ **werden** 073「〜するつもりだ」 **an|rufen** 069「電話をする」

ハーベン　ズィー　ショーン　アインマル　ケルン　ベズーフト
Haben Sie schon [einmal] Köln besucht?
あなたは一度でもケルンを訪れたことはありますか。

▶ **besuchen** 158「〜を訪問する」

ビス　シュペーター
Bis [später]!
また後でね！

▶ **bis** 257「〜まで」

1回目	年 月 日 ／7	2回目	年 月 日 ／7	3回目	年 月 日 ／7	達成率 **33 %**

文法復習② ドイツ語の名詞

◆ 名詞の性

- ドイツ語の名詞はすべて文法上の性を持っています。
- 男性名詞には定冠詞 der，女性名詞には die，中性名詞には das をつけて名詞の性を明示します。
- 代名詞で受ける場合，人であっても物であっても，男性名詞は er（彼），女性名詞は sie（彼女），中性名詞は es（それ）で受けます。

男性名詞	女性名詞	中性名詞
der Vater（父）	**die Mutter**（母）	**das Kind**（子ども）
der Tisch（テーブル）	**die Tasche**（かばん）	**das Fenster**（窓）
der Löffel（スプーン）	**die Gabel**（フォーク）	**das Messer**（ナイフ）
代名詞は **er**	代名詞は **sie**	代名詞は **es**

◆ 定冠詞と不定冠詞の格変化

- ドイツ語の名詞は 1 格から 4 格まで 4 つの格を持っています。
- 1 格は主格（〜は），2 格は所有格（〜の），3 格は間接目的格（〜に），4 格は直接目的格（〜を）をあらわします。
- これらの格を明示する働きを持つのが冠詞です。冠詞は格に応じて格変化します。

・定冠詞の格変化（英語の the）

格	男性名詞	女性名詞	中性名詞	複数形
1 格（〜は）	der **Vater**	die **Mutter**	das **Kind**	die **Kinder**
2 格（〜の）	des **Vaters**★	der **Mutter**	des **Kindes**★	der **Kinder**
3 格（〜に）	dem **Vater**	der **Mutter**	dem **Kind**	den **Kindern**★
4 格（〜を）	den **Vater**	die **Mutter**	das **Kind**	die **Kinder**

・不定冠詞の格変化（英語の a/an）

格	男性名詞	女性名詞	中性名詞	複数形
1 格（〜は）	ein **Vater**	eine **Mutter**	ein **Kind**	— ☆
2 格（〜の）	eines **Vaters**★	einer **Mutter**	eines **Kindes**★	— ☆
3 格（〜に）	einem **Vater**	einer **Mutter**	einem **Kind**	— ☆
4 格（〜を）	einen **Vater**	eine **Mutter**	ein **Kind**	— ☆

★ 男性名詞と中性名詞の 2 格には名詞そのものに所有をあらわす -s（-es）が語尾につきます。また，複数 3 格には -n を語尾につけます。

☆ 不定冠詞は複数の概念を持たないので複数形はありません。

◆ 名詞の複数形

ドイツ語は名詞の複数形の語尾が数種類あり，以下の5つのパターンに整理されます。

	変化の基準	単数形	複数形
①	語尾が変わらない 無語尾式	der Lehrer der Bruder	die Lehrer die Brüder
②	語尾に e がつく -e 式	der Freund der Sohn	die Freunde die Söhne
③	語尾に er がつく -er 式	das Kind das Buch	die Kinder die Bücher
④	語尾に en がつく -en 式	die Frau die Blume	die Frauen die Blumen
⑤	語尾に s がつく -s 式	das Auto das Hotel	die Autos die Hotels

※それぞれの名詞がどのパターンの複数形を持つかは辞書に表記されています。

◆ 複数形の格変化

- ドイツ語の名詞は複数形になると男性・女性・中性の名詞の性が払拭され，定冠詞は die に統一されます。
- 複数3格には語尾 -n がつきます。ただし，-n 式および -s 式は複数3格で -n をつけません。
- 複数形の名詞を代名詞で受けるときは，「彼ら」を表す人称代名詞の sie で受けます。

格	単数形 ➡ 複数形		単数形 ➡ 複数形		単数形 ➡ 複数形	
1	der Baum	die Bäume	die Blume	die Blumen	das Auto	die Autos
2	des Baumes	der Bäume	der Blume	der Blumen	des Autos	der Autos
3	dem Baum	den Bäumen ★	der Blume	den Blumen ★	dem Auto	den Autos ★
4	den Baum	die Bäume	die Blume	die Blumen	das Auto	die Autos
	複数3格に語尾 -n がつきます。		-n 式は3格語尾がいりません。		-s 式は3格語尾をつけません。	

文法プラスα　2
男性弱変化名詞

男性名詞の中には単数1格以外，同じ形になる名詞があります。これを「男性弱変化名詞」といいます。

格	単数	複数
1	der Student	die Studenten
2	des Studenten	der Studenten
3	dem Studenten	den Studenten
4	den Studenten	die Studenten

※ほかに der Polizist（警察官），der Tourist（旅行客），der Löwe（ライオン）など。

169 □
□
□
アップ ファーレン
ab|fahren
活用 p.166

動 出発する
- 不規則動詞／分離動詞
- die Abfahrt「出発」

170 □
□
□
アン　コメン
an|kommen
活用 p.166

動 到着する
- 分離動詞
- die Ankunft「到着」

171 □
□
□
ヒーア
hier

副 ここで，ここに
- von hier aus「ここから」

172 □
□
□
ドルト
dort

副 そこに，そこで，あそこで

173 □
□
□
フォン
von

前 ～から；～の；～によって

174 □
□
□
ヴェク
weg

副 離れて；なくなった

175 □
□
□
ツリュック
zurück

副 戻って；帰って

ヴァン　フェールト　デア　ツーク　ナーハ　ベルリーン　アップ

Wann [fährt] der Zug nach Berlin [ab]?

そのベルリン行きの列車はいつ発車しますか。

▶ wann **223**「いつ」 der Zug **190**「電車」 nach **256**「～へ」

デア　ツーク　　コムト　　ウム　アハト　ウーア　イン　ベルリーン　アン

Der Zug [kommt] um acht Uhr in Berlin [an].

その列車は8時にベルリンに到着します。

▶ die Uhr **421**「～時」

ヒーア　ダルフ　マン　　ニヒト　　パルケン

[Hier] darf man nicht parken.

ここは駐車禁止です。

▶ dürfen **177**「～してもよい」 nicht **323**「～ない」 parken「駐車する」

エア　シュテート　ドルト　　アン　デア　　シュトラーセンエッケ

Er steht [dort] an der Straßenecke.

彼はあそこの曲がり角に立っています。

▶ stehen **337**「立っている」 die Straßenecke「曲がり角」

デア　ブリーフ　イスト　フォン　　ダイネン　　エルターン

Der Brief ist [von] deinen Eltern.

この手紙は君の両親からだよ。

▶ der Brief **150**「手紙」 die Eltern **022**「両親」

ダス　ホテール　リークト　ヴァイト　ヴェク　フォム　　ハオプトバーンホーフ

Das Hotel liegt weit [weg] vom Hauptbahnhof.

このホテルは中央駅からは遠いところにあります。

▶ das Hotel **248**「ホテル」 liegen **339**「ある」 der Hauptbahnhof「中央駅」

イン　ツェーン　ミヌーテン　ビン　イッヒ　ツリュック

In zehn Minuten bin ich [zurück].

10分したら戻ってきます。

▶ zehn「10」 die Minute **424**「分」

1回目	年 月 日 ／7	2回目	年 月 日 ／7	3回目	年 月 日 ／7	達成率 34 %

63

176 □ □ □

ケネン

können

活用 p.178

(助動) ◆ ～できる《可能》
◆ ～かもしれない《推量》

177 □ □ □

ドュルフェン

dürfen

活用 p.178

(助動) ～してもよい《許可》
- 否定で「～してはいけない《禁止》」の意

178 □ □ □

ミュッセン

müssen

活用 p.178

(助動) ◆ ～しなくてはならない《義務》
◆ ～に違いない《強い推量》
◆ ～する必要がない《否定で》

179 □ □ □

ヴォレン

wollen

活用 p.178

(助動) ～するつもりだ《意志》

180 □ □ □

ゾレン

sollen

活用 p.178

(助動) ～すべきだ《第3者の意志》

181 □ □ □

メーゲン

mögen

活用 p.178

(助動) ～かもしれない
- 本動詞として用いると「～が好きである」の意(例：**Ich mag Fisch.**「私は魚料理が好きだ」)

182 □ □ □

メヒテ

möchte

(助動) ～したい，～がほしい
- mögen の接続法Ⅱ

26

エア　カン　グート　ヤパーニッシュ　シュプレッヒェン
Er kann gut Japanisch sprechen.

彼は上手に日本語を話すことができます。

▶ gut 461「上手な」 Japanisch「日本語」 sprechen 226「話す」

ヒーア　ダルフ　マン　ニヒト　フォトグラフィーレン
Hier darf man nicht fotografieren.

ここは撮影禁止です。

▶ hier 171「ここで」 nicht 323「〜ない」 fotografieren「写真を撮る」

イッヒ　ムス　ホイテ　ニヒト　イン　ディー　ウニ　ゲーエン
Ich muss heute nicht in die Uni gehen.

今日，私は大学へ行く必要がありません。

▶ heute 415「今日」 die Uni 044「大学」 gehen 354「行く」

イッヒ　ヴィル　レーラリン　ヴェルデン
Ich will Lehrerin werden.

私は教師になるつもりです。

▶ die Lehrerin 048「(女性の) 先生」 werden 073「なる」

ゾル　イッヒ　イーネン　ヘルフェン
Soll ich Ihnen helfen?

お手伝いしましょうか（お手伝いするべきでしょうか）。

▶ helfen 261「手伝う」

マーク　ザイン
Mag sein.

そうかもしれない。

イッヒ　メヒテ　エトヴァス　トリンケン
Ich möchte etwas trinken.

私は何か飲みたいです。

▶ etwas 303「何か」 trinken 086「飲む」

1回目	年 月 日 ／7	2回目	年 月 日 ／7	3回目	年 月 日 ／7	達成率 36 %

183

ファールラート

das **Fahrrad**

名|中 自転車

複 die Fahrräder

184

アオト

das **Auto**

名|中 自動車

複 die Autos

185

ヴァーゲン

der **Wagen**

名|男 車，自動車，車両

複 die Wagen

186

ブース

der **Bus**

名|男 バス

複 die Busse

187

タクスィ

das **Taxi**

名|中 タクシー

複 die Taxis
- **Taxi nehmen**「タクシーに乗る」

188

アオス　シュタイゲン

aus|steigen

活用 p.166

動 《乗り物から》降りる
- 分離動詞
- **steigen**「登る」

189

アイン　シュタイゲン

ein|steigen

活用 p.166

動 《乗り物に》乗る
- 分離動詞

シュテファン フェールト ミット デム ファールラート ツーア ウニ

Stefan fährt mit dem Fahrrad zur Uni.

ステファンは自転車で大学に行きます。

▶ fahren 209「乗り物で行く」 mit 500「～で《手段・方法》」 die Uni 044「大学」

カンスト ドゥー アオト ファーレン

Kannst du Auto fahren?

君は車の運転はできる？

▶ können 176「～できる」

デア ローテ ヴァーゲン ゲフェルト ミーア グート

Der rote Wagen gefällt mir gut.

その赤い車が気に入りました。

▶ rot 116「赤い」 gefallen 140「気に入る」 gut 461「よい」

ヴァン フェールト デア ブース ナーハ ミュンヒェン アプ

Wann fährt der Bus nach München ab?

ミュンヘン行きのそのバスはいつ出発しますか。

▶ wann 223「いつ」 ab|fahren 169「出発する」 nach 256「～へ」

フォア デム バーンホーフ ケネン ズィー アイン タクスィー ネーメン

Vor dem Bahnhof können Sie ein Taxi nehmen.

駅前からタクシーに乗れますよ。

▶ vor 213「～の前に」 der Bahnhof 244「駅」

シュタイゲン ズィー ビッテ イン ミュンヒェン アオス

Steigen Sie bitte in München aus!

ミュンヘンで降りてください！

▶ bitte 014「どうぞ」

イッヒ シュタイゲ イン フランクフルト アイン

Ich steige in Frankfurt ein.

私はフランクフルトで乗車します。

1回目	年 月 日 /7	2回目	年 月 日 /7	3回目	年 月 日 /7	達成率 37 %

190
ツーク

der **Zug**

名 | 男 電車
複 die Züge

191
シュトラーセンバーン

die **Straßenbahn**

名 | 女 市街電車
複 die Straßenbahnen

192
バーン

die **Bahn**

名 | 女 電車，鉄道；軌道
複 die Bahnen
▪ die **U-Bahn**「地下鉄」

193
ファールカルテ

die **Fahrkarte**

名 | 女 乗車券
複 die Fahrkarten

194
ハルテシュテレ

die **Haltestelle**

名 | 女 停留所
複 die Haltestellen

195
アインガング

der **Eingang**

名 | 男 入口
複 die Eingänge

196
アオスガング

der **Ausgang**

名 | 男 出口
複 die Ausgänge

28

デア　ツーク　フェールト　ディレクト　ナーハ　ベルリーン

Der [Zug] fährt direkt nach Berlin.

この電車は直接ベルリンへ行きます。

▶ fahren 209「乗り物で行く」 direkt「直に」 nach 256「～へ」

ズィー　ケネン　ドルト　ミット　デア　シュトラーセンバーン　ファーレン

Sie können dort mit der [Straßenbahn] fahren.

(あなたは) そこへはこの市電で行くことができます。

▶ können 176「～できる」 dort 172「そこに」 mit 500「～で」

イッヒ　ライゼ　ゲルン　ミット　デア　バーン

Ich reise gern mit der [Bahn].

私は鉄道で旅をするのが好きです。

▶ reisen 208「旅をする」 動詞＋gern 267「～するのが好きだ」

ヴォー　カン　マン　ファールカルテン　カオフェン

Wo kann man [Fahrkarten] kaufen?

乗車券はどこで買えますか。

▶ wo 220「どこで」 kaufen 103「～を買う」

イッヒ　シュタイゲ　アン　デア　ネヒステン　ハルテシュテレ　アオス

Ich steige an der nächsten [Haltestelle] aus.

次の停留所で降ります。

▶ aus|steigen 188「降りる」 nächst「次の」

アム　アインガング　ヴァルテ　イッヒ　アオフ　ディヒ

Am [Eingang] warte ich auf dich.

入口で君を待ってるよ。

▶ warten 159「待つ」

ヴォー　イスト　デア　アオスガング

Wo ist der [Ausgang]?

出口はどこですか。

1回目	年 月 日 ／7	2回目	年 月 日 ／7	3回目	年 月 日 ／7	達成率 **39 %**

197

シフ

das **Schiff**

名|中 船
複 die Schiffe
▪ mit dem Schiff fahren 「船で行く」

198

フルックツォイク

das **Flugzeug**

名|中 飛行機
複 die Flugzeuge

199

ラント

das **Land**

名|中 国；田舎；土地
複 die Länder

200

ハイマート

die **Heimat**

名|女 故郷
複 die Heimaten

201

アオスラント

das **Ausland**

名|中 外国
▪ der Ausländer 「外国人」

202

ヴェルト

die **Welt**

名|女 世界
▪ weltweit 「世界的な」

203

オイローパ

das **Europa**

名|中 ヨーロッパ
▪ ふつう無冠詞で
▪ Asien 「アジア (大陸)」

29

ダス　シフ　イスト　ウンターヴェークス　ナーハ　ヨコハマ

Das Schiff ist unterwegs nach Yokohama.

この船は横浜に向かっています。

▶ unterwegs「途中（で）」 nach 256「〜へ」

ダス　フルックツォイク　イスト　プンクトリヒ　ナーハ　パリス　ゲスタルテット

Das Flugzeug ist pünktlich nach Paris gestartet.

この飛行機は時間どおりにパリに向けて出発しました。

▶ pünktlich「時間どおりに」 starten「出発する，離陸する」

アオフ　デム　ラント　ツー　ヴォーネン　イスト　マイン　トラオム

Auf dem Land zu wohnen ist mein Traum.

田舎に住むことは私の夢です。

▶ wohnen 290「住む」 der Traum「夢」

ミュンヒェン　イスト　マイネ　ツヴァイテ　ハイマート

München ist meine zweite Heimat.

ミュンヘンは私の第二の故郷です。

▶ zweit 128「2番目の」

ザイト　ツヴァイ　ヤーレン　ヴォーント　マイン　ゾーン　イム　アオスラント

Seit zwei Jahren wohnt mein Sohn im Ausland.

2年前から私の息子は外国に住んでいます。

▶ zwei「2」 das Jahr 418「年」 der Sohn 020「息子」

イッヒ　メヒテ　ドゥルヒ　ディー　ガンツェ　ヴェルト　ライゼン

Ich möchte durch die ganze Welt reisen.

世界中を旅したい。

▶ durch「〜中（じゅう）」 ganz 491「全部の」 reisen 208「旅行する」

ダス　イスト　ディー　カルテ　フォン　オイローパ

Das ist die Karte von Europa.

これはヨーロッパの地図です。

▶ die Karte「地図」

204

プラーン

der **Plan**

名|男 計画

複 die Pläne

205

ライゼ

die **Reise**

名|女 旅行

複 die Reisen
- **reisen**「旅行する」

206

ウアラオプ

der **Urlaub**

名|男 休暇

複 die Urlaube

207

フェーリエン

die **Ferien**

名|複 《夏休みなど一定期間の》休暇
- 複数形で

208

ライゼン

reisen

活用 p.173

動 旅行する

209

ファーレン

fahren

活用 p.169

動 乗り物で行く
- 不規則動詞
- **Auto fahren**「自動車を運転する」

210

フリーゲン

fliegen

活用 p.169

動 飛ぶ，飛行機で行く

30

アレス　ロイフト　ナーハ　　プラーン
Alles läuft nach Plan.
すべて計画どおりです。
▶ all **133**「すべての」 laufen **356**「走る」 nach **256**「〜に従って」

グーテ　　ライゼ
Gute Reise!
よい旅を！
▶ gut **461**「よい」

イッヒ　メヒテ　　ナーハ　ヴィーン　イン　デン　　ウアラオプ　　ファーレン
Ich möchte nach Wien in den Urlaub fahren.
私は休暇にウィーンへ行きたい。
▶ möchte **182**「〜したい」 fahren **209**「乗り物で行く」

イン　ディーゼン　フェーリエン　ヴェルデ　イッヒ　　マイネ　　タンテ　　ベズーヘン
In diesen Ferien werde ich meine Tante besuchen.
この休暇に，私はおばを訪ねるつもりです。
▶ die Tante **025**「おば」 besuchen **158**「〜を訪問する」

ライスト　ドゥー　ゲルン
Reist du gern?
旅行は好き？
▶ 動詞＋gern **267**「〜するのが好きだ」

イッヒ　ヴェルデ　ミット　デム　アウト　ナーハ　　ドルトムント　　ファーレン
Ich werde mit dem Auto nach Dortmund fahren.
私は車でドルトムントまで行くつもりです。
▶ das Auto **184**「自動車」

イッヒ　ヴェルデ　ナーハ　　ドイチュラント　　フリーゲン
Ich werde nach Deutschland fliegen.
私はドイツに（飛行機で）行きます。

211 □ □ □
アオフ
auf
前 上に，上へ

212 □ □ □
ユーバー
über
前 上方に，上方へ，〜を超えて

213 □ □ □
フォア
vor
前 〜の前に，〜の前へ

214 □ □ □
イン
in
前 〜の中に，〜の中へ

215 □ □ □
ツヴィッシェン
zwischen
前 〜の間に，〜の間へ

216 □ □ □
ヒンター
hinter
前 〜の後ろに，〜の後ろへ

217 □ □ □
ウンター
unter
前 〜の下に，〜の下へ

31

イッヒ シュテレ ディー ヴァーゼ アオフ デン ティッシュ

Ich stelle die Vase [auf] den Tisch.

私はこの花瓶をテーブルの上に置きます。

▶ stellen **265**「〜を（立てて）置く」 die Vase「花瓶」 der Tisch **285**「テーブル」

イッヒ ヘンゲ ディー ウーア ユーバー ダス レガール

Ich hänge die Uhr [über] das Regal.

私はこの時計を棚の上のほうに掛けます。

▶ hängen **335**「掛ける」 die Uhr **421**「時計」 das Regal「棚」

ズィー シュテート フォア デム シュピーゲル

Sie steht [vor] dem Spiegel.

彼女は鏡の前に立っています。

▶ stehen **337**「立っている」 der Spiegel「鏡」

ゲーエン ヴィーア イン ディー メンザ

Gehen wir [in] die Mensa!

学食へ行こう！

▶ gehen **354**「行く」 die Mensa「学食」

ダス カフェー シュテート ツヴィッシェン デア ポスト ウント デア バンク

Das Café steht [zwischen] der Post und der Bank.

そのカフェは郵便局と銀行の間にあります。

▶ das Café「カフェ」 die Post **148**「郵便局」 die Bank **236**「銀行」

ヒンター ダス ハオス シュテレ イッヒ マイン ファールラート

[Hinter] das Haus stelle ich mein Fahrrad.

家の後ろへ私は自転車を停める。

▶ das Haus **289**「家」 das Fahrrad **183**「自転車」

ウンター デム アオト リークト アイネ カッツェ

[Unter] dem Auto liegt eine Katze.

車の下に猫がいます。

▶ das Auto **184**「自動車」 die Katze **401**「猫」

| 1回目 | 年 月 日 ／7 | 2回目 | 年 月 日 ／7 | 3回目 | 年 月 日 ／7 | 達成率 43 % |

218 □ □ □ ヴェーア

wer

疑問代 誰が
- **Wer sind Sie?**「どなたですか」
- **wem**「誰に（3格）」
- **wen**「誰を（4格）」

219 □ □ □ ヴァス

was

疑問代 何が，何を

220 □ □ □ ヴォー

wo

副 どこで，どこに

221 □ □ □ ヴォーヘーア

woher

副 どこから

222 □ □ □ ヴォーヒン

wohin

副 どこへ

223 □ □ □ ヴァン

wann

副 いつ

224 □ □ □ ヴァルム

warum

副 なぜ

Wer ist das?

あれは誰ですか。

ヴァス イスト ダス

Was ist das?

これは何ですか。

ヴォー　ヴォーネン　ズィー

Wo wohnen Sie?

どちらにお住まいですか。

▶ wohnen 290「住む」

ヴォーヘーア　コメン　ズィー

Woher kommen Sie?

出身はどちらですか。

▶ kommen 355「来る」

ヴォーヒン　ゲースト　ドゥー

Wohin gehst du?

どこへ行くの？

▶ gehen 354「行く」

ヴァン　コムスト　ドゥー

Wann kommst du?

君はいつ来るの？

ヴァルム　レルネン　ズィー　ドイチュ

Warum lernen Sie Deutsch?

なぜあなたはドイツ語を学ぶのですか。

▶ lernen 041「学ぶ」

| 1回目 | 年 月 日 ／7 | 2回目 | 年 月 日 ／7 | 3回目 | 年 月 日 ／7 | 達成率 44 % |

77

225 □
□
□
フォアズィヒト
die **Vorsicht**

名|女 用心

226 □
□
□
シュプレッヒェン
sprechen
活用 p.175

動 話す
- 不規則動詞

227 □
□
□
エアツェーレン
erzählen
活用 p.168

動 語る

228 □
□
□
ザーゲン
sagen
活用 p.173

動 言う

229 □
□
□
デンケン
denken
活用 p.168

動 考える

230 □
□
□
グラオベン
glauben
活用 p.170

動 信じる

231 □
□
□
フェアシュテーエン
verstehen
活用 p.176

動 理解する

33

フォアズィヒト　バイム　アオスシュタイゲン
Vorsicht beim Aussteigen!

降車の際にはお気をつけください！

▶ bei 503「〜の際に」 aus|steigen 188「降りる」

トーマス　シュプリヒト　エングリッシュ　ウント　ヤパーニッシュ
Thomas spricht Englisch und Japanisch.

トーマスは英語と日本語を話します。

▶ und 310「〜と」

エアツェーレン　ズィー　ビッテ　イーレ　エアファールング
Erzählen Sie bitte Ihre Erfahrung!

あなたの経験を話してお聞かせください。

▶ bitte 014「どうぞ」 die Erfahrung「経験」

ヴィー　ザークト　マン　ダス　アオフ　ドイチュ
Wie sagt man das auf Deutsch?

これをドイツ語ではなんといいますか。

▶ wie 488「どのように」

ヴィー　デンケン　ズィー　ダリューバー
Wie denken Sie darüber?

あなたはそれについてどのようにお考えですか。

▶ darüber「それについて」

イッヒ　グラオベ　イーム
Ich glaube ihm.

私は彼を信じます。

フェアシュテースト　ドゥー　ヴァス　イッヒ　ザーゲ
Verstehst du, was ich sage?

私の言うことがわかる？

▶ sagen 228「言う」

1回目	年 月 日 ／7	2回目	年 月 日 ／7	3回目	年 月 日 ／7	達成率 46 %

79

232
シュロス
das Schloss
名|中 城，宮殿；錠（前）
複 die Schlösser

233
ミュゼーウム
das Museum
名|中 美術館；博物館
複 die Museen

234
キーノ
das Kino
名|中 映画館
複 die Kinos

235
キルヒェ
die Kirche
名|女 教会
複 die Kirchen

236
バンク
die Bank
名|女 銀行
複 die Banken

237
ポリツァイ
die Polizei
名|女 警察

238
ラートハウス
das Rathaus
名|中 市役所，市庁舎

34

イッヒ　メヒテ　アインマル　ダス　シュロス　ベズィヒティゲン

Ich möchte einmal das [Schloss] besichtigen.

私は一度その城を見てみたいわ。

▶ möchte **182**「〜したい」 einmal **167**「一度」 besichtigen「見物する」

ドルト　ギープト　エス　ツヴァイ　ミュゼーン

Dort gibt es zwei [Museen].

そこには博物館が2つあります。

▶ dort **172**「そこに」 es gibt 〜⁴ **138**「〜がある」 zwei「2」

イッヒ　ゲーエ　ミット　マイネム　フロイント　インス　キーノ

Ich gehe mit meinem Freund ins [Kino].

私は友人と映画に行きます。

▶ gehen **354**「行く」 mit **500**「〜と一緒に」 der Freund **035**「男友達」

イン　ディーゼム　ドルフ　ギープト　エス　アイネ　アルテ　キルヒェ

In diesem Dorf gibt es eine alte [Kirche].

この村には古い教会があります。

▶ das Dorf「村」 alt **429**「古い」

マイン　ブルーダー　アルバイテト　バイ　アイナー　バンク

Mein Bruder arbeitet bei einer [Bank].

私の兄はとある銀行で働いています。

▶ der Bruder **018**「兄」 arbeiten **294**「働く」

ヴォー　イスト　ディー　ポリツァイ

Wo ist die [Polizei]?

警察はどこですか。

▶ wo **220**「どこに」

フォア　デム　ラートハウス　フィンデト　デア　ヴァイナハツマルクト　シュタット

Vor dem [Rathaus] findet der Weihnachtsmarkt statt.

そのクリスマスマーケットは市庁舎の前で開催されます。

▶ vor **213**「〜の前に」 statt|finden「開催される」

1回目	年 月 日 ／7	2回目	年 月 日 ／7	3回目	年 月 日 ／7	達成率 47 %

239

シュタット

die **Stadt**

名|女 都市，市，街
複 die Städte

240

ヴェーク

der **Weg**

名|男 道；方法
複 die Wege

241

シュトラーセ

die **Straße**

名|女 通り
複 die Straßen

242

プラッツ

der **Platz**

名|男 広場；場所；席
複 die Plätze

243

テアーター

das **Theater**

名|中 劇場，劇
複 die Theater

244

バーンホーフ

der **Bahnhof**

名|男 駅
複 die Bahnhöfe

245

バンク

die **Bank**

名|女 ベンチ
複 die Bänke

ディー シュタット ケルン イスト ベカント フューア デン ケルナー ドーム

Die Stadt Köln ist bekannt für den Kölner Dom.

ケルン市はケルン大聖堂で知られています。

▶ **bekannt**「有名な」 **der Dom**「大聖堂」

ディーザー ヴェーク フュールト イン ディー シュタット

Dieser Weg führt in die Stadt.

この道は街に通じています。

▶ **führen**「通じる」

エス イスト アイネ ゼーア ランゲ シュトラーセ

Es ist eine sehr lange Straße.

それはとても長い道です。

▶ **lang** 464「長い」

ネーメン ズィー ビッテ プラッツ

Nehmen Sie bitte Platz.

どうぞお座りください。

▶ **Platz nehmen** 330「座る」 **bitte** 014「どうぞ」

イッヒ ゲーエ ゲルン インス テアーター

Ich gehe gern ins Theater.

私は劇場に行くのが好きです。

▶ **gehen** 354「行く」 動詞＋**gern** 267「〜するのが好きだ」

ヴィー コメ イッヒ ツーム バーンホーフ

Wie komme ich zum Bahnhof?

駅へどうやって行くのでしょう。

▶ **wie** 488「どのように」 **kommen** 355「来る」

イッヒ ゼッツェ ミッヒ アオフ ディー バンク

Ich setze mich auf die Bank.

私はベンチに腰掛ける。

▶ **setzen** 338「座らせる」

---

246 □□□	マルクト der **Markt**	名|男 市場；広場 複 die Märkte
247 □□□	レストラーン das **Restaurant**	名|中 レストラン 複 die Restaurants
248 □□□	ホテール das **Hotel**	名|中 ホテル 複 die Hotels
249 □□□	カオフハウス das **Kaufhaus**	名|中 デパート 複 die Kaufhäuser
250 □□□	ズーパーマルクト der **Supermarkt**	名|男 スーパーマーケット 複 die Supermärkte
251 □□□	シュトゥック das **Stück**	名|中 部分；一切れの；〜個 複 die Stücke
252 □□□	ヴァーレ die **Ware**	名|女 品物，商品 複 die Waren

36

ディーンスタークス　イスト　ヒーア　　マルクト

Dienstags ist hier [Markt].

毎週火曜日はここでマーケットがあります。

▶ dienstags「火曜日に」 hier **171**「ここで」

ギープト　エス　ヒーア　アイン　グーテス　　レストラーン

Gibt es hier ein gutes [Restaurant]?

ここにいいレストランはありますか。

▶ es gibt ～⁴ **138**「～がある」 gut **461**「よい」

ヴィー　　コメ　　イッヒ　ツーム　　ホテール

Wie komme ich zum [Hotel]?

ホテルにはどうやったら行けますか。

▶ kommen **355**「来る」

ディーゼス　カオフハウス　イスト　ダス　グレーステ　ヒーア　イン　デア　ネーエ

Dieses [Kaufhaus] ist das größte hier in der Nähe.

このデパートはこの近くで一番大きいです。

▶ größt「一番大きい」: groß **442**「大きい」の最上級　die Nähe「近所」

ギープト　エス　ヒーア　　アイネン　　ズーパーマルクト

Gibt es hier einen [Supermarkt]?

このあたりにスーパーマーケットはありますか。

▶ hier **171**「ここに」

ネーメン　　ズィー　アイン　シュトゥック　　クーヘン

Nehmen Sie ein [Stück] Kuchen.

ケーキを一切れお取りください。

▶ nehmen **330**「～を取る」

ディーザー　　ラーデン　フュールト　　フェアシーデネ　　ヴァーレン

Dieser Laden führt verschiedene [Waren].

この店はさまざまな品物を扱っています。

▶ der Laden「(小売りの) 商店」 führen「扱う」

| 1回目 | 年 月 日 ／7 | 2回目 | 年 月 日 ／7 | 3回目 | 年 月 日 ／7 | 達成率 50 % |

◆ 不規則動詞の現在人称変化

以下の3つのパターンに従って幹母音（単語の一番最初の母音）が二人称単数と三人称単数のところで変化します。

	a ➡ ä	e ➡ i	e ➡ ie
	fahren	sprechen	sehen
ich	fahre	spreche	sehe
du	fährst	sprichst	siehst
er / sie / es	fährt	spricht	sieht
wir	fahren	sprechen	sehen
ihr	fahrt	sprecht	seht
sie	fahren	sprechen	sehen
Sie	fahren	sprechen	sehen

◆ 最重要動詞

以下の動詞はドイツ語の最重要動詞として位置づけられます。こちらも不規則変化ですのでまとめて変化を覚えましょう。

	sein	haben	werden
ich	bin	habe	werde
du	bist	hast	wirst
er / sie / es	ist	hat	wird
wir	sind	haben	werden
ihr	seid	habt	werdet
sie	sind	haben	werden
Sie	sind	haben	werden

◆ 話法の助動詞

英語の助動詞にあたるのが話法の助動詞です。動詞とともに用いて可能や義務，許可などのニュアンスを添えます。

können	müssen	dürfen	sollen	wollen	mögen	möchte
できる （可能）	ねばならない （義務）	してもよい （許可）	すべき （義務）	するつもり （意志）	好きだ かもしれない	したい （欲求）

◆ 話法の助動詞の構文 ── 枠構造

話法の助動詞を使った構文は，定動詞第2位の位置に話法の助動詞を置き，文末に動詞の不定詞を置きます。このように助動詞と動詞で文の他の要素をはさみこむ構造を「枠構造」といいます。

• **Er** kann **gut Japanisch** sprechen. （例文176）
• **Ich** möchte **etwas** trinken. （例文182）

◆ 未来の助動詞

werden は未来の助動詞として用いられるほか，人称に応じて次のようなニュアンスを示すこともあります。

- Ich werde dich wieder anrufen. また君に電話するね。(一人称：意志)
- Du wirst ins Bett gehen. 寝るんでしょ。(二人称：命令)
- Der Regen wird bald aufhören. 雨はまもなくやむでしょう。(三人称：推量)

◆ 分離動詞

前綴りと基礎動詞部分からなる動詞を「分離動詞」といいます。文中では基礎動詞部分は定動詞第2位の位置に，前綴りは文末に置かれ，枠構造をつくります。

基本構造

前綴り	基礎動詞部分
an	kommen

「到着する」

- Der Zug kommt um acht Uhr in Berlin an. (例文 170)
- Wann fährt der Zug nach Berlin ab? (例文 169)

話法の助動詞とともに用いられると，文末に不定詞となって1語で置かれます。
- Du musst morgen früh aufstehen. (例文 266)

文法プラスα 3
現在完了形／受動態

現在完了形は次の構文によって作られます。ドイツ語では過去時制はしばしば現在完了形で表されます。

▶ sein＋過去分詞（場所の移動，状態の変化を表す自動詞，ほか）
- Das Flugzeug ist pünktlich nach Paris gestartet. (例文 198)

▶ haben＋過去分詞（上記以外の自動詞と他動詞）
- Ich habe das Buch bis zu Ende gelesen. (例文 427)

受動態は次の構文によって作られます。

▶ werden＋過去分詞 ⇨ 動作受動
- Die Tür wird geschlossen. そのドアは閉められます。

▶ sein＋過去分詞（他動詞）⇨ 状態受動（受動の状態が継続する）
- Die Tür ist geschlossen. (例文 277) このドアは閉まっています。

253 □ □ □
ミッテ
die **Mitte**
名｜女 真ん中，中心

254 □ □ □
リンクス
links
副 左に
- nach links「左へ」

255 □ □ □
レヒツ
rechts
副 右に
- nach rechts「右へ」

256 □ □ □
ナーハ
nach
前 ◆ ～へ
◆ ～の後で
◆ ～に従って

257 □ □ □
ビス
bis
前 ～まで

258 □ □ □
ゲーゲン
gegen
前 ◆ ～に向かって
◆ ～ごろ

259 □ □ □
ドゥルヒ
durch
前 ～を通って

イン デア ミッテ デア シュタット ギープト エス アイネン グローセン パルク
In der Mitte der Stadt gibt es einen großen Park.

街の中心に大きな公園があります。

▶ die Stadt **239**「街」 es gibt ~⁴ **138**「~がある」 groß **442**「大きい」

ゲーエン ズィー ナーハ リンクス
Gehen Sie nach links.

左に進んでください。

▶ gehen **354**「行く」 nach **256**「~へ」

ダン ゲーエン ズィー ナーハ レヒツ
Dann gehen Sie nach rechts.

それから右に進んでください。

▶ dann「それから」

ナーハ デム エッセン トリンケ イッヒ カフェー
Nach dem Essen trinke ich Kaffee.

食事の後にコーヒーを飲みます。

▶ trinken **086**「飲む」 der Kaffee **094**「コーヒー」

ビス エンデ アオグスト ブライベ イッヒ イン ヤーパン
Bis Ende August bleibe ich in Japan.

8月の終わりまで私は日本に滞在します。

▶ das Ende **427**「終わり」 August「8月」 bleiben **160**「滞在する」

エア コムト ゲーゲン フィーア ウーア
Er kommt gegen vier Uhr.

彼は4時ごろ来ます。

▶ kommen **355**「来る」 vier「4」 die Uhr **421**「~時」

デア ヴェーク フュールト ドゥルヒ デン パルク ツーム バーンホーフ
Der Weg führt durch den Park zum Bahnhof.

この道は公園を通って駅に通じています。

▶ der Weg **240**「道」 führen「通じる」 der Bahnhof **244**「駅」

| 1回目 | 年 月 日 ／7 | 2回目 | 年 月 日 ／7 | 3回目 | 年 月 日 ／7 | 達成率 **51 %** |

260 □□□
アン
an
前 ～に接して，～のきわに

261 □□□
ヘルフェン
helfen
活用 p.171
動 ～³を助ける，～³を手伝う
▪ 不規則動詞

262 □□□
ビッテン
bitten
活用 p.167
動 ～⁴ に um ～⁴ を頼む

263 □□□
ブラオヘン
brauchen
活用 p.168
動 ～を必要とする

264 □□□
エンデルン
ändern
活用 p.167
動 ～を変える

265 □□□
シュテレン
stellen
活用 p.175
動 ～を立てる，立てて置く

266 □□□
アオフ　シュテーエン
auf | stehen
活用 p.166
動 起きる
▪ 分離動詞

38

ズィー シュテート アム フェンスター

Sie steht am Fenster.

彼女は窓のそばに立っています。

▶ stehen 337「立っている」 das Fenster 279「窓」

ヘルフェン ズィー ミーア ビッテ

Helfen Sie mir bitte?

助けてくださいませんか。

▶ bitte 014「どうぞ」

ダルフ イッヒ ズィー ウム イーレ アドレッセ ビッテン

Darf ich Sie um Ihre Adresse bitten?

ご住所をおっしゃっていただけますか。

▶ dürfen 177「～してもよい」 die Adresse 152「住所」

イッヒ ブラオヘ ダイネ ヒルフェ

Ich brauche deine Hilfe.

私は君の助けが必要だ。

エア エンデルト ザイネ マイヌング

Er ändert seine Meinung.

彼は意見を変える。

▶ die Meinung「意見」

シュテル ダス ブーフ インス レガール

Stell das Buch ins Regal!

この本を本棚に置いて！

▶ das Buch 036「本」 das Regal「棚」

ドゥ ムスト モルゲン フリュー アオフシュテーエン

Du musst morgen früh aufstehen.

君は明日早く起きなくてはならないよ。

▶ müssen 178「～しなくてはならない」 morgen 416「明日」 früh 475「早い」

267
ゲルン
gern

副 好んで，喜んで
- 動詞＋gern「〜するのが好きだ」

268
ツザメン
zusammen

副 一緒に

269
ザッヘ
die **Sache**

名｜女 もの，事柄
複 die Sachen

270
ハーベン
haben
活用 p.170

動 〜を持っている
- 不規則動詞

271
フェアゲッセン
vergessen
活用 p.176

動 〜を忘れる
- 不規則動詞

272
フィンデン
finden
活用 p.169

動 〜を見つける；思う

273
エフネン
öffnen
活用 p.173

動 〜を開ける

39

ヴァス　マハスト　ドゥー　ゲルン
Was machst du gern?
何をするのが好きですか。
▶ was 219「何を」

ホイテ　ゲーエ　イッヒ　ミット　リーナ　　ツザメン　　イン　ディー　シュタット　アインカオフェン
Heute gehe ich mit Rina zusammen in die Stadt einkaufen.
今日，私はリーナと一緒に街へ買い物に行きます。
▶ mit 500「～と一緒に」 die Stadt 239「街」 ein|kaufen「買い物をする」

ダス　イスト　カイネ　　ライヒテ　　ザッヘ
Das ist keine leichte Sache.
それは簡単なことじゃない。
▶ kein「～ない」 leicht 465「簡単な」

イッヒ　ハーベ　　アイネン　ブルーダー
Ich habe einen Bruder.
私には兄がひとりいます。
▶ der Bruder 018「兄」

フェアギス　ニヒト　ダイネン　　レーゲンシルム　　ミットツーネーメン
Vergiss nicht, deinen Regenschirm mitzunehmen.
傘を持っていくのを忘れないでね。
▶ der Regenschirm 074「傘」

ハーベン　ズィー　イーレ　ブリレ　　ゲフンデン
Haben Sie Ihre Brille gefunden?
メガネは見つかりましたか。
▶ die Brille 124「メガネ」

イッヒ　エフネ　デン　ブリーフ
Ich öffne den Brief.
私はこの手紙を開封します。
▶ der Brief 150「手紙」

1回目	年 月 日 ／7	2回目	年 月 日 ／7	3回目	年 月 日 ／7	達成率 54 %

274
ヴォーヌング
die **Wohnung**

名|女 住まい，住居
複 die Wohnungen
▪ wohnen「住む」

275
ツィンマー
das **Zimmer**

名|中 部屋
複 die Zimmer

276
バート
das **Bad**

名|中 風呂
複 die Bäder
▪ die Dusche「シャワー」

277
トゥーア
die **Tür**

名|女 ドア
複 die Türen

278
シュルッセル
der **Schlüssel**

名|男 鍵 複
複 die Schlüssel
▪ das Schloss 232「錠（前）」

279
フェンスター
das **Fenster**

名|中 窓
複 die Fenster

280
ガルテン
der **Garten**

名|男 庭
複 die Gärten

40

マイネ　ヴォーヌング　コステット　ドライフンデルト　オイロ　イム　モナート
Meine [Wohnung] kostet drei-hundert Euro im Monat.

私の住まいは家賃がひと月 300 ユーロです。

▶ kosten **102**「〜の価格である」 der Monat **419**「月」

マイン　ツィンマー　イスト　ゼーア　クライン
Mein [Zimmer] ist sehr klein.

私の部屋はとても狭いです。

▶ sehr **496**「とても」 klein **443**「小さい」

イッヒ　ズーヘ　アイネ　ヴォーヌング　ミット　バート
Ich suche eine Wohnung mit [Bad].

私はお風呂付の住まいを探しています。

▶ suchen「探す」

ディー　トゥーア　イスト　ゲシュロッセン
Die [Tür] ist geschlossen.

このドアは閉まっています。

▶ geschlossen「閉められた」：schließen「閉める」の過去分詞

ハスト　ドゥ　ダイネン　シュルッセル　ゲフンデン
Hast du deinen [Schlüssel] gefunden?

鍵は見つかった？

▶ gefunden：finden「見つける」の過去分詞

ゾル　イッヒ　ダス　フェンスター　ツーマッヘン
Soll ich das [Fenster] zumachen?

窓を閉めましょうか。

▶ zu|machen「閉める」

ディー　グロースムッター　アルバイテット　イム　ガルテン
Die Großmutter arbeitet im [Garten].

祖母が庭仕事をしています。

▶ die Großmutter **017**「祖母」 arbeiten **294**「働く」

| 1回目 | 年　月　日 ／7 | 2回目 | 年　月　日 ／7 | 3回目 | 年　月　日 ／7 | 達成率 55 % |

281
トワレッテ
die **Toilette**

名|女 トイレ
複 die Toiletten

282
キュッヒェ
die **Küche**

名|女 キッチン
複 die Küchen

283
グラース
das **Glas**

名|中 グラス
複 die Gläser

284
ベット
das **Bett**

名|中 ベッド
複 die Betten
▪ **ins Bett gehen**「床に就く, 就寝する」

285
ティッシュ
der **Tisch**

名|男 テーブル
複 die Tische
▪ der **Schreibtisch**「机」

286
シュトゥール
der **Stuhl**

名|男 いす
複 die Stühle

287
ゾーファ
das **Sofa**

名|中 ソファー
複 die Sofas

41

ヴォー イスト ディー トワレッテ

Wo ist die [Toilette]?

トイレはどこでしょうか。

▶ wo 220「どこに」

ディー ムッター イスト イン デア キュッヒェ

Die Mutter ist in der [Küche].

お母さんはキッチンにいるよ。

▶ die Mutter 017「母」

アイン グラース ヴァッサー ビッテ

Ein [Glas] Wasser bitte!

水を1杯ください！

▶ das Wasser 375「水」 bitte 014「どうぞ」

ゲー インス ベット

Geh ins [Bett]!

もう寝なさい！

▶ gehen 354「行く」

ゼッツェン ズィー ズィッヒ アン デン ティッシュ

Setzen Sie sich an den [Tisch].

テーブルに着いてください。

▶ setzen 338「座らせる」

アオフ デム シュトゥール リークト アイネ カッツェ

Auf dem [Stuhl] liegt eine Katze.

いすの上に猫がいます。

▶ liegen 339「横たわっている」 die Katze 401「猫」

イッヒ シュテレ ディー ランペ ネーベン ダス ゾーファ

Ich stelle die Lampe neben das [Sofa].

私はこのランプをソファーの横に置きます。

▶ die Lampe「ランプ」 neben「横に」

| 1回目 | 年 月 日 ／7 | 2回目 | 年 月 日 ／7 | 3回目 | 年 月 日 ／7 | 達成率 **57 %** |

288 ☐☐☐	エッセン das **Essen**	名|中 食事
289 ☐☐☐	ハオス das **Haus**	名|中 家，建物 複 die Häuser
290 ☐☐☐	ヴォーネン **wohnen** 活用 p.177	動 住む，住んでいる
291 ☐☐☐	レーベン **leben** 活用 p.172	動 生きている；暮らしている
292 ☐☐☐	コッヘン **kochen** 活用 p.171	動 料理する
293 ☐☐☐	ラオヘン **rauchen** 活用 p.173	動 タバコを吸う
294 ☐☐☐	アルバイテン **arbeiten** 活用 p.167	動 働く

42

フォア デム エッセン ムスト ドゥ ディーア ダイネ ヘンデ ヴァッシェン
Vor dem [Essen] musst du dir deine Hände waschen.
食事の前に手を洗わないといけないわよ。

▶ die Hand 348「手」 waschen「洗う」

イッヒ メヒテ アインマール イン アイネム グローセン ハオス ヴォーネン
Ich möchte einmal in einem großen [Haus] wohnen.
私はいつか大きな家に住みたいです。

▶ einmal 167「一度」 groß 442「大きい」

エア ヴォーント イン ヨコハマ
Er [wohnt] in Yokohama.
彼は横浜に住んでいます。

マイネ シュヴェスター レープト アライン イン キョート
Meine Schwester [lebt] allein in Kyoto.
私の姉は京都で一人暮らしをしています。

▶ die Schwester 019「姉」 allein「一人で」

マイネ グロースムッター コッホト ゲルン
Meine Großmutter [kocht] gern.
私の祖母は料理をするのが好きです。

▶ die Großmutter 017「祖母」 動詞＋gern 267「〜するのが好きだ」

ヒーア ダルフ マン ニヒト ラオヘン
Hier darf man nicht [rauchen].
ここでタバコを吸ってはいけません。

▶ hier 171「ここで」 dürfen 177＋nicht「〜してはいけない《禁止》」

アム ゾンターク　　ムス イッヒ ニヒト アルバイテン
Am Sonntag muss ich nicht [arbeiten].
日曜日は働く必要はありません。

▶ Sonntag「日曜日」 müssen 178＋nicht「〜する必要がない」

---

295 □
□
□
フラーゲン

fragen
活用 p.169

動 ～⁴ にたずねる

296 □
□
□
アントヴォルテン

antworten
活用 p.167

動 答える
- auf ～⁴ antworten「～に答える」

297 □
□
□
エアクレーレン

erklären
活用 p.168

動 説明する

298 □
□
□
ツァイゲン

zeigen
活用 p.177

動 示す

299 □
□
□
ゾー

so

副 そのように，それほど

300 □
□
□
ゾンスト

sonst

副 さもないと，そのほかに

301 □
□
□
ナトゥアリヒ

natürlich

副 当然，もちろん

43

ダルフ イッヒ ズィー エトヴァス フラーゲン

Darf ich Sie etwas fragen?

ちょっとご質問してもよろしいでしょうか。

▶ dürfen **177**「〜してもよい」 etwas「ちょっと」

イッヒ カン ダラオフ ニヒト アントヴォルテン

Ich kann darauf nicht antworten.

私はそのことにはお答えできません。

▶ können **176**「〜できる」 nicht **323**「〜ない」

エアクレーレン ズィー ミーア ダス ビッテ

Erklären Sie mir das bitte!

それを私に説明してください。

▶ bitte **014**「どうぞ」

ディー ウーア ツァイクト ドライ

Die Uhr zeigt drei.

時計は3時を示しています。

▶ die Uhr **421**「時計」 drei「3」

イッヒ ビン ゾー グリュックリヒ

Ich bin so glücklich.

私はとても幸せです。

▶ glücklich **432**「幸せな」

ヴュンシェン ズィー ゾンスト ノッホ エトヴァス

Wünschen Sie sonst noch etwas?

そのほかに何かご希望はありますか。

▶ wünschen **145**「〜を望む」 noch **162**「まだ」 etwas **303**「何か」

ナトゥアリヒ

Natürlich!

もちろん！

▶ 質問 Kommst du mit?「一緒に来る？」

302 ☐☐☐	イエーマント **jemand**	代 誰かある人
303 ☐☐☐	エトヴァス **etwas**	代 ◆ 何か ◆ あること，あるもの ◆ いくらか
304 ☐☐☐	ニーマント **niemand**	代 誰も〜ない
305 ☐☐☐	ニヒツ **nichts**	代 何も〜ない
306 ☐☐☐	マン **man**	代 ひとは
307 ☐☐☐	ズィッヒ **sich**	再帰代 自分自身を ▪ 再帰代名詞は **p.139** 参照
308 ☐☐☐	ゼルプスト **selbst**	代 自分で

44

カン　イエーマント　フォン　オイヒ　イーア　デン　ブリーフ　ブリンゲン
Kann jemand von euch ihr den Brief bringen?

この手紙を君たちの誰かが彼女に届けてくれないかな。

▶ **können** 176「〜できる」 **von** 173「〜の」

イッヒ　メヒテ　エトヴァス　ズースェス　エッセン
Ich möchte etwas Süßes essen.

何か甘いものが食べたい。

▶ **Süßes**「甘いもの《形容詞 süß の名詞化》」 **essen** 085「食べる」

ニーマント　イスト　ダー
Niemand ist da.

誰もそこにはいない。

イッヒ　カン　ニヒツ　ゼーエン
Ich kann nichts sehen.

何も見えません。

▶ **sehen** 111「見る」

イン　ヤーパン　フェールト　マン　リンクス
In Japan fährt man links.

日本は左側通行です。

▶ **fahren** 209「乗り物で行く」 **links** 254「左に」

エア　ゼッツト　スィッヒ　アオフ　デン　シュトゥール
Er setzt sich auf den Stuhl.

彼はいすに座ります。

▶ **setzen** 338「座らせる」 **der Stuhl** 286「いす」

ダス　カン　イッヒ　ゼルプスト　マッヘン
Das kann ich selbst machen.

私はそれを自分でできます。

▶ **können** 176「〜できる」 **machen** 072「する」

309 □□□ アルゾ
also
副 したがって，それでは，それゆえ

310 □□□ ウント
und
接｜並列 そして，〜と

311 □□□ オーダー
oder
接｜並列 あるいは

312 □□□ アオホ
auch
副 〜もまた

313 □□□ アーバー
aber
接｜並列 しかし

314 □□□ ドッホ
doch
接｜並列 しかし，やはり
副 いや《否定の質問に肯定で答えるとき》

315 □□□ ゾンダーン
sondern
接｜並列 〜ではなく…
▪ nicht nur 〜, sondern auch...
「〜だけではなく…も」

45

ドラオセン イスト エス ゾー カルト　アルゾ　ブライベン ヴィーア ツー　ハウゼ

Draußen ist es so kalt, also bleiben wir zu Hause.

外はとても寒い，だから私たちは家にいます。

▶ draußen「屋外」 bleiben **160**「とどまる」

イッヒ　カオフェ ディー　ヤッケ　　ウント　　デン　ロック

Ich kaufe die Jacke und den Rock.

私はこのジャケットとこのスカートを買います。

▶ kaufen **103**「〜を買う」 die Jacke **123**「ジャケット」 der Rock「スカート」

トリンクスト ドゥー ビーア　オーダー　ヴァイン

Trinkst du Bier oder Wein?

君はビールを飲む？　それともワインを飲む？

▶ trinken **086**「飲む」 das Bier **091**「ビール」 der Wein **095**「ワイン」

イッヒ　デンケ　ダス　アオホ

Ich denke das auch.

私もそう思います。

▶ denken **229**「考える」

ダス　　ハオス イスト アルト アーバー　　ゼーア　　ゲミュートリヒ

Das Haus ist alt aber sehr gemütlich.

この家は古いがとても居心地がいい。

▶ alt **429**「古い」 sehr **496**「とても」 gemütlich「居心地がいい」

ドッホ　イッヒ ビン　ミューデ

Doch, ich bin müde.

いいえ，疲れています。

▶ 質問 Bist du nicht müde?「君，疲れてないよね？」

イッヒ ヴィル ニヒト ヌーア ベルリーン　ゾンダーン　アオホ ミュンヒェン　ベズーヘン

Ich will nicht nur Berlin, sondern auch München besuchen.

私はベルリンだけでなく，ミュンヘンも訪れるつもりです。

▶ wollen **179**「〜するつもりだ」 besuchen **158**「〜を訪問する」

1回目	年 月 日 ／7	2回目	年 月 日 ／7	3回目	年 月 日 ／7	達成率 62 %

316 デン
denn
接｜並列 というのは
- 副詞で疑問文の中で使われて「いったいぜんたい」

317 アルス
als
接｜従属 ～したとき
- 比較級＋ **als** ～「～より…だ《英：than》」

318 ダス
dass
接｜従属 ～ということ

319 ダー
da
接｜従属 ～なので《理由》
副 ◆ ～のとき《時間》
　◆ ～で《場所》

320 ヴァイル
weil
接｜従属 ～なので

321 オプ
ob
接｜従属 ～かどうか

322 ヴェン
wenn
接｜従属 もし～ならば，
　　　　　～するときには

46

エア　コムト　ホイテ　ニヒト　　デン　エア　ハット　フィーバー

Er kommt heute nicht, denn er hat Fieber.

彼は今日来ません，というのも彼は熱があるからです。

▶ **nicht** 323「〜ない」 **Fieber haben**「熱がある」

───

アルス　イッヒ　サビーネ　ベズーフテ　ヴァール　ズィー　ニヒト　ツー　ハウゼ

Als ich Sabine besuchte, war sie nicht zu Hause.

サビーネを訪ねたとき，彼女は家にいなかった。

▶ **besuchen** 158「〜を訪問する」 **zu Hause sein**「在宅である」

───

イッヒ　ヴァイス　　ダス　エア　アオス　ドイチュラント　　コムト

Ich weiß, dass er aus Deutschland kommt.

私は彼がドイツから来たということを知っています。

▶ **wissen** 076「《知識・情報として》知っている」

───

ダー　ホイテ　ゾンタークイスト　アルバイテ　イッヒ　ニヒト

Da heute Sonntag ist, arbeite ich nicht.

今日は日曜日なので，私は働きません。

▶ **Sonntag**「日曜日」 **arbeiten** 294「働く」

───

ヴィーア　ゲーエン　ナーハ　ハウゼ　ヴァイル　エス　レグネット

Wir gehen nach Hause, weil es regnet.

雨が降っているので，私たちは家に帰ります。

▶ **nach Hause gehen**「帰宅する」 **regnen** 074「雨が降る」

───

ヴィッセン　ズィー　オプ　エア　ホイテ　　コムト

Wissen Sie, ob er heute kommt?

彼が今日来るかどうか，あなたはご存知ですか。

▶ **wissen** 076「知っている」

───

ヴェン　ダス　ヴェッター　シェーン　イスト　マッヘン　ヴィーア　アイネン　アオスフルック

Wenn das Wetter schön ist, machen wir einen Ausflug.

もし天気がよければ，私たちはハイキングをします。

▶ **schön** 469「（天気が）いい」 **machen** 072「する」 **der Ausflug**「ハイキング」

───

| 1回目 | 年　月　日 ／7 | 2回目 | 年　月　日 ／7 | 3回目 | 年　月　日 ／7 | 達成率 **64 %** |

107

323 □□□ ニヒト
nicht
副 ～ない
▪ nichts「何も～ない」

324 □□□ ゼルテン
selten
副 めったに～ない，
ほとんど～ない

325 □□□ ニー
nie
副 決して～ない

326 □□□ ヌーア
nur
副 ただ～だけ

327 □□□ ツー
zu
前 ～へ；～のために
▪ zu＋形容詞「あまりに～すぎる」
《例》zu kalt「寒すぎる」

328 □□□ オーネ
ohne
前 ～なしに

329 □□□ リーバー
lieber
副 ～のほうがよい，
より好んで
▪ gern の比較級

47

ダス イスト ニヒト マイン アオト

Das ist nicht mein Auto.

これは私の車ではありません。

▶ das Auto 184「自動車」

マイン ファーター ズィート ゼルテン フェルン

Mein Vater sieht selten fern.

私の父はめったにテレビを見ません。

▶ der Vater 016「父」

イッヒ ビン ノッホ ニー イン ドイチュラント ゲヴェーゼン

Ich bin noch nie in Deutschland gewesen.

私はまだ一度もドイツに行ったことがありません。

▶ noch 162「まだ」

ヌーア イッヒ カン ディヒ フェアシュテーエン

Nur ich kann dich verstehen.

君を理解できるのは私だけです。

▶ können 176「～できる」 verstehen「理解する」

ダス クライト イスト ミーア ツー クライン

Das Kleid ist mir zu klein.

このワンピースは私には小さすぎます。

▶ das Kleid「服（特に女性のワンピース・ドレス）」 klein 443「小さい」

ズィー トリンクト カフェー オーネ ミルヒ

Sie trinkt Kaffee ohne Milch.

彼女はミルクなしでコーヒーを飲みます。

▶ trinken 086「飲む」 der Kaffee 094「コーヒー」 die Milch 093「ミルク」

エア トリンクト ゲルン テー アーバー リーバー カフェー

Er trinkt gern Tee, aber lieber Kaffee.

彼は紅茶が好きですが，コーヒーのほうがより好きです。

▶ 動詞＋gern 267「～するのが好きだ」 der Tee 092「紅茶」 aber 313「しかし」

| 1回目 | 年 月 日 /7 | 2回目 | 年 月 日 /7 | 3回目 | 年 月 日 /7 | 達成率 65 % |

109

330
ネーメン
nehmen
活用 p.173

(動) 〜を取る
- 不規則動詞
- Platz nehmen「座る」

331
ハルテン
halten
活用 p.170

(動) ◆ 〜を持っている
◆ 〜⁴ を…と (für) みなす
- 不規則動詞

332
トラーゲン
tragen
活用 p.176

(動) 運ぶ；身につけている
- 不規則動詞

333
ホーレン
holen
活用 p.171

(動) 受け取り［迎え］に行く；
取ってくる

334
ブリンゲン
bringen
活用 p.168

(動) 持って行く；持って来る

335
ヘンゲン
hängen
活用 p.170

(動) 掛かっている；掛ける

336
シュラーゲン
schlagen
活用 p.174

(動) 〜を打つ；たたく
- 不規則動詞

48

ダス　ネーメ　イッヒ
Das [nehme] ich.
私はこれを買います。

ヴィーア　ハルテン　イーン　フューア　フライスィヒ
Wir [halten] ihn für fleißig.
私たちは彼を真面目だと思います。
▶ **fleißig** 460「勤勉な，真面目な」

イッヒ　カン　デン　コファー　アライン　トラーゲン
Ich kann den Koffer allein [tragen].
私はこのスーツケースを1人で運べます。
▶ **können** 176「～できる」 **der Koffer**「スーツケース」

ホール　ディー　テラー
[Hol] die Teller!
そのお皿持ってきて！
▶ **der Teller**「皿」

イッヒ　ブリンゲ　ディーア　アイネ　フラッシェ　ヴァイン
Ich [bringe] dir eine Flasche Wein.
私は君にワインを一本持って行きますね。
▶ **die Flasche**「瓶」 **der Wein** 095「ワイン」

ディー　ウーア　ヘングト　アン　デア　ヴァント
Die Uhr [hängt] an der Wand.
時計が壁に掛かっています。
▶ **die Uhr** 421「時計」 **die Wand**「壁」

イエーマント　シュレークト　ゲーゲン　ディー　トゥーア
Jemand [schlägt] gegen die Tür.
誰かがドアをたたいている。
▶ **jemand** 302「誰かある人」 **gegen**「～に対して」 **die Tür** 277「ドア」

文法復習④ 形容詞・数詞

◆ 形容詞の用法

ドイツ語の形容詞は主に次の3つの用法に整理されます。

① Das Mädchen ist schön.　　　　　　　（述語的用法）その少女は美しい。

② Das Mädchen singt schön.
　　　　　　　　　（副詞的用法：動詞にかかる）その少女は美しく歌う。

③ Das schöne Mädchen ist die Tochter eines Schauspielers.
　　　　　　　（名詞の付加語的用法）その美しい少女はある俳優の娘です。

◆ 形容詞の格変化

・定冠詞（定冠詞類）＋形容詞＋名詞

格	男性名詞	女性名詞	中性名詞	複数形
1	der nette Mann	die schöne Frau	das kleine Kind	die guten Freunde
2	des netten Mannes	der schönen Frau	des kleinen Kindes	der guten Freunde
3	dem netten Mann	der schönen Frau	dem kleinen Kind	den guten Freunden
4	den netten Mann	die schöne Frau	das kleine Kind	die guten Freunde

・不定冠詞（不定冠詞類）＋形容詞＋名詞

格	男性名詞	女性名詞	中性名詞	複数形
1	ein netter Mann	eine schöne Frau	ein kleines Kind	meine guten Freunde
2	eines netten Mannes	einer schönen Frau	eines kleinen Kindes	meiner guten Freunde
3	einem netten Mann	einer schönen Frau	einem kleinen Kind	meinen guten Freunden
4	einen netten Mann	eine schöne Frau	ein kleines Kind	meine guten Freunde

・無冠詞＋形容詞＋名詞

格	男性名詞	女性名詞	中性名詞	複数形
1	netter Mann	schöne Frau	kleines Kind	gute Freunde
2	netten Mannes	schöner Frau	kleinen Kindes	guter Freunde
3	nettem Mann	schöner Frau	kleinem Kind	guten Freunden
4	netten Mann	schöne Frau	kleines Kind	gute Freunde

◆ 数詞《基数》

0	1	2	3	4
ヌル null	アインス eins	ツヴァイ zwei	ドライ drei	フィーア vier
5	6	7	8	9
フュンフ fünf	ゼクス sechs	ズィーベン sieben	アハト acht	ノイン neun
10	11	12	13	14
ツェーン zehn	エルフ elf	ツヴェルフ zwölf	ドライツェーン dreizehn	フィーアツェーン vierzehn
15	16	17	18	19
フュンフツェーン fünfzehn	ゼヒツェーン sechzehnn	ズィープツェーン siebzehn	アハツェーン achtzehn	ノインツェーン neunzehn
20	30	40	50	60
ツヴァンツィヒ zwanzig	ドライスィヒ dreißig	フィーアツィヒ vierzig	フュンフツィヒ fünfzig	ゼヒツィヒ sechzig
70	80	90	100	1000
ズィープツィヒ siebzig	アハツィヒ achtzig	ノインツィヒ neunzig	フンデルト hundert	タウゼント tausend

ドイツ語の数は 21 以上は「1 の位＋10 の位」の順で読んでいきます。

例：21 ⇨ 1 と 20…einundzwanzig　33 ⇨ 3 と 30…dreiunddreißig
　　56 ⇨ 6 と 50…sechsundfünfzig

◆ 序数

1 番目の	2 番目の	3 番目の	4 ～ 19 番目の	20 番目以上
エーアスト erst	ツヴァイト zweit	ドリット dritt	基数＋ t	基数＋ st

文法プラス α　4
時間の表現

	24 時間制	12 時間制
14:00	Es ist vierzehn Uhr.	Es ist zwei.
14:05	Es ist vierzehn Uhr fünf.	Es ist fünf nach zwei.
14:15	Es ist vierzehn Uhr fünfzehn.	Es ist Viertel nach zwei.
14:30	Es ist vierzehn Uhr dreißig.	Es ist halb drei.
14:45	Es ist vierzehn Uhr fünfundvierzig.	Es ist Viertel vor drei.

■ nach「～の後」■ vor「～の前」■ halb「半分＝ 30 分」　■ Viertel「4 分の 1 ＝ 15 分」

※ 2 時半は「3 時に向かって 30 分経過している」と考えるので halb drei となる。

337 □□□
シュテーエン
stehen
活用 p.175

動 立っている

338 □□□
ズィッツェン
sitzen
活用 p.175

動 座っている
- setzen「座らせる」

339 □□□
リーゲン
liegen
活用 p.173

動 横たわっている；
　　置いてある

340 □□□
レーゲン
legen
活用 p.172

動 横たえる；置く

341 □□□
ゲラーデ
gerade

副 ちょうど；まっすぐな

342 □□□
バルト
bald

副 まもなく

343 □□□
ダン
dann

副 それから

49

エア　シュテート　アン　デア　エッケ

Er [**steht**] **an der Ecke.**

彼は角に立っている。

▶ die Ecke「角」

ズィー　ズィッット　アム　フェンスター

Sie [**sitzt**] **am Fenster.**

彼女は窓辺に座っている。

▶ das Fenster 279「窓」

マイン　キント　リークト　ザイト　アイナー　ヴォッヘ　イム　ベット

Mein Kind [**liegt**] **seit einer Woche im Bett.**

私の子どもは一週間前からベットに寝ています。

▶ das Kind 023「子ども」 die Woche 420「週」

ズィー　レークト　ディー　ツェーデー　イン　デン　ツェーデープレイアー

Sie [**legt**] **die CD in den CD-Player.**

彼女はこの CD を CD プレーヤーに入れます。

ディー　リーニエ　イスト　ゲラーデ

Die Linie ist [**gerade**].

この線は直線です。

▶ die Linie「線」

エア　コムト　バルト　ヴィーダー

Er kommt [**bald**] **wieder.**

彼はまもなく戻ってきます。

▶ wieder|kommen「戻ってくる」

ズィー　リースト　エーアスト　ディーゼス　ブーフ　ダン　ヘールト　ズィー　ディーゼ　ツェーデー

Sie liest erst dieses Buch, [**dann**] **hört sie diese CD.**

彼女はこの本を読み，それからこの CD を聞く。

▶ lesen 038「読む」 das Buch 036「本」

	年　月　日		年　月　日		年　月　日	達成率
1回目	／7	2回目	／7	3回目	／7	**68 %**

115

344 □ □ □

コプフ

der **Kopf**

名|男 頭

複 die Köpfe
- Ich habe Kopfschmerzen.「頭痛がする」

345 □ □ □

ゲズィヒト

das **Gesicht**

名|中 顔

複 die Gesichter

346 □ □ □

ツァーン

der **Zahn**

名|男 歯

複 die Zähne
- sich³ die Zähne putzen「歯を磨く」

347 □ □ □

ヘルツ

das **Herz**

名|中 心臓；心

348 □ □ □

ハント

die **Hand**

名|女 手

複 die Hände
- der **Arm**「腕」

349 □ □ □

フース

der **Fuß**

名|男 足

複 die Füße
- zu Fuß gehen「徒歩で行く」

350 □ □ □

レーベン

das **Leben**

名|中 生命；生活；人生

50

ミーア トゥート デア　コプフ　ヴェー

Mir tut der [Kopf] weh.

頭が痛いです。

▶ weh「痛む」

イッヒ　ヴァッシェ ミーア ダス　ゲズィヒト

Ich wasche mir das [Gesicht].

顔を洗います。

▶ waschen「洗う」

ドゥー ムスト ディーア ディー ツェーネ　プッツェン

Du musst dir die [Zähne] putzen.

君は歯を磨かないといけないよ。

▶ müssen 178「〜しなければならない」putzen「磨く」

ズィー ハット アイン ヴァルメス　ヘルツ

Sie hat ein warmes [Herz].

彼女は温かい心の持ち主です。

▶ haben 270「〜を持っている」warm 487「温かい」

ヴァッシュ ディーア ディー　ヘンデ　フォア デム　エッセン

Wasch dir die [Hände] vor dem Essen!

食事の前に手を洗いなさい！

▶ vor 213「〜の前に」das Essen 288「食事」

イッヒ ゲーエ ツー フース ツーア ウニ

Ich gehe zu [Fuß] zur Uni.

私は徒歩で大学に行きます。

▶ die Uni 044「大学」

ダス　レーベン イン ヤーパン ゲフェールト ミーア グート

Das [Leben] in Japan gefällt mir gut.

日本での生活は気に入っています。

▶ gefallen 140「〜が…³の気に入る」gut 461「よい」

351

シュポルト

der Sport

名｜男 スポーツ

複 die Sporte

352

シュピーレン

spielen

活用 p.175

動 ◆ 遊ぶ
◆ （運動を）する
◆ （楽器を）演奏する

353

シュヴィメン

schwimmen

活用 p.174

動 泳ぐ

354

ゲーエン

gehen

活用 p.170

動 （歩いて）行く

355

コメン

kommen

活用 p.171

動 来る

356

ラオフェン

laufen

活用 p.172

動 走る；歩く
▪ 不規則動詞

357

アン　ファンゲン

an｜fangen

活用 p.166

動 始まる
▪ 不規則動詞／分離動詞

51

マイン　ホビー　イスト　シュポルト

Mein Hobby ist [Sport].

私の趣味はスポーツです。

▶ **das Hobby**「趣味」

イッヒ　シュピーレ　ゲルン　テニス

Ich [spiele] gern Tennis.

私はテニスをするのが好きです。

▶ 動詞＋gern 267「〜するのが好きだ」 **das Tennis**「テニス」

イェーデン　ターク　ゲート　マイン　ブルーダー　シュヴィメン

Jeden Tag [geht] mein Bruder [schwimmen].

毎日私の兄は泳ぎに行きます。

▶ **jeden Tag** 412「毎日」 **der Bruder** 018「兄」

イッヒ　ゲーエ　ホイテ　ミット　マイネム　フロイント　インス　テアーター

Ich [gehe] heute mit meinem Freund ins Theater.

私は今日，友人と劇場に行きます。

▶ **heute** 415「今日」 **der Freund** 035「男友達」 **das Theater** 243「劇場」

ホイテ　コムト　エア　ツー　ウンス

Heute [kommt] er zu uns.

今日，彼は私たちのところにやって来ます。

エア　カン　シュネル　ラオフェン

Er kann schnell [laufen].

彼は速く走ることができます。

▶ **schnell** 455「速い」

エス　フェンクト　アン　ツー　レグネン

Es [fängt] [an] zu regnen.

雨が降り始めました。

▶ **regnen** 074「雨が降る」

1回目	年 月 日 ／7	2回目	年 月 日 ／7	3回目	年 月 日 ／7	達成率 **71 %**

119

358
アルツト
der **Arzt**

名|男 （男性の）医者
複 die Ärzte
▪ die **Ärztin**「女医」(複 die Ärztinnen)

359
クランケンハオス
das **Krankenhaus**

名|中 病院
複 die Krankenhäuser

360
シュメルツ
der **Schmerz**

名|男 痛み，苦しみ
複 die Schmerzen

361
ゲズント
gesund

形 健康な

362
クランク
krank

形 病気の

363
トート
tot

形 死んだ

364
シュテルベン
sterben
活用 p.175

動 死ぬ

52

ザイン　ファーター　イスト　アルツト
Sein Vater ist [Arzt].

彼の父は医者です。

▶ der Vater **016**「父」

ドゥー　ムスト　ホイテ　インス　クランケンハオス　ゲーエン
Du musst heute ins [Krankenhaus] gehen.

君は今日，病院に行かなくちゃいけないよ。

▶ müssen **178**「～しなければならない」 heute **415**「今日」 gehen **354**「行く」

ヴォー　ハーベン　ズィー　シュメルツェン
Wo haben Sie [Schmerzen]?

どこが痛いのですか。

▶ wo **220**「どこに」 haben **270**「～を持っている」

フリッシェ　ミルヒ　マハト　ミッヒ　ゲズント
Frische Milch macht mich [gesund].

新鮮なミルクは私を健康にする。

▶ frisch **471**「新鮮な」

ズィー　リークト　クランク　イム　ベット
Sie liegt [krank] im Bett.

彼女は病気で寝ています。

▶ liegen **339**「横たわっている」 das Bett **284**「ベッド」

デア　シュメッターリング　イスト　ショーン　トート
Der Schmetterling ist schon [tot].

その蝶はもう死んでいるよ。

▶ der Schmetterling「蝶」 schon **163**「もう」

エア　イスト　ショーン　ゲシュトルベン
Er ist schon [gestorben].

彼はもう亡くなっています。

| 1回目 | 年 月 日 ／7 | 2回目 | 年 月 日 ／7 | 3回目 | 年 月 日 ／7 | 達成率 72 % |

121

365

フィーバー
das **Fieber**

名|中 熱
- Ich habe Fieber. 「熱がある」

366

フンガー
der **Hunger**

名|男 空腹
- Ich habe Hunger. ／ Ich bin hungrig.
「空腹だ」

367

ドゥルスト
der **Durst**

名|男 のどの渇き
- Ich habe Durst. ／ Ich bin durstig.
「喉が渇いた」

368

フロイデ
die **Freude**

名|女 喜び
- vor Freude 「喜びのあまり」

369

グリュック
das **Glück**

名|中 幸運，幸福
- glücklich 「幸福な」

370

リーベ
die **Liebe**

名|女 愛
- lieben 「愛する」

371

トラオム
der **Traum**

名|男 夢
複 die Träume

53

イッヒ ハーベ ザイト ゲスターン フィーバー
Ich habe seit gestern [Fieber].
昨日から熱があります。
▶ gestern **414**「昨日」

イッヒ ハーベ カイネン フンガー
Ich habe keinen [Hunger].
お腹は空いていません。

ハーベン ズィー ドゥルスト
Haben Sie [Durst]?
のどが渇いていますか。

ズィー ヴァイント フォア フロイデ
Sie weint vor [Freude].
喜びのあまり彼女は泣きます。
▶ weinen **441**「泣く」

フィール グリュック
Viel [Glück]!
お幸せに！
▶ viel **492**「たくさんの」

ザイネ リーベ ツー イーア イスト エヒト
Seine [Liebe] zu ihr ist echt.
彼女に対する彼の愛は本物です。
▶ echt「本物の」

ドイチュラント ツー ベズーヘン イスト マイン トラオム
Deutschland zu besuchen ist mein [Traum].
ドイツを訪れることが私の夢です。
▶ besuchen **158**「〜を訪問する」

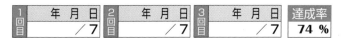

372 □□□
ナトューア
die **Natur**
名|女 自然

373 □□□
ゾンネ
die **Sonne**
名|女 太陽

374 □□□
エアデ
die **Erde**
名|女 地球；地面

375 □□□
ヴァッサー
das **Wasser**
名|中 水

376 □□□
フォイアー
das **Feuer**
名|中 火；火事

377 □□□
ヴィント
der **Wind**
名|男 風

378 □□□
ヒメル
der **Himmel**
名|男 空, 天

54

ヒーア　ケネン　ヴィーア ティー ナトゥーア　ゲニーセン

Hier können wir die [Natur] genießen.

ここで私たちは自然を楽しむことができます。

▶ hier **171**「ここで」 können **176**「～できる」 genießen「楽しむ」

ティー　ゾンネ　ゲート　ウンター

Die [Sonne] geht unter.

太陽が沈みます。

▶ unter|gehen「沈む」

ティー　エアデ　イスト アイネ　クーゲル

Die [Erde] ist eine Kugel.

地球は丸い。

▶ die Kugel「球，球形のもの」

イッヒ　メヒテ　ヴァッサー　トリンケン

Ich möchte [Wasser] trinken.

私は水が飲みたいです。

▶ möchte **182**「～したい」 trinken **086**「飲む」

ヴィーア ミュッセン　ダス フォイアー　シュネル　レッシェン

Wir müssen das [Feuer] schnell löschen.

すぐにその火を消さなくてはなりません。

▶ schnell **455**「速い」 löschen「消す」

エア ロイフト　シュネル　ヴィー デア　ヴィント

Er läuft schnell wie der [Wind].

彼は風のように速く走ります。

▶ laufen **356**「走る」

デア　ヒメル　イスト ブラオ

Der [Himmel] ist blau.

空は青い。

▶ blau **117**「青い」

| 1回目 | 年 月 日 / 7 | 2回目 | 年 月 日 / 7 | 3回目 | 年 月 日 / 7 | 達成率 75 % |

379

ヴェッター

das **Wetter**

名 | 中 天気
- klares Wetter「快晴」

380

レーゲン

der **Regen**

名 | 男 雨
- regnen「雨が降る」

381

シュネー

der **Schnee**

名 | 男 雪
- schneien「雪が降る」

382

フリューリング

der **Frühling**

名 | 男 春

383

ゾンマー

der **Sommer**

名 | 男 夏
- die Sommerferien「夏休み」

384

ヘルプスト

der **Herbst**

名 | 男 秋

385

ヴィンター

der **Winter**

名 | 男 冬

55

バイ　クラーレム　ヴェッター　カン　マン　デン　フジ　ゼーエン

Bei klarem [Wetter] kann man den Fuji sehen.

天気がよければ，富士山が見えます。

▶ bei 503「〜の際に」 können 176「〜できる」 sehen 111「見る」

デア　レーゲン　ヴィルト　バルト　アオフヘーレン

Der [Regen] wird bald aufhören.

雨はまもなくやむでしょう。

▶ werden 073「〜だろう」 bald「まもなく」 auf|hören「止まる」

モルゲン　ギープト　エス　シュネー

Morgen gibt es [Schnee].

明日は雪です。

▶ morgen 416「明日」 es gibt 〜⁴ 138「〜がある」

イム　フリューリング　カン　マン　ヒーア　キルシュブルーテン　ゼーエン

Im [Frühling] kann man hier Kirschblüten sehen.

春にはここで桜の花を見ることができます。

▶ die Kirschblüte「桜の花」

イム　ゾンマー　ファーレン　ヴィーア　アンス　メーア

Im [Sommer] fahren wir ans Meer.

夏に私たちは海へ行きます。

▶ fahren 209「乗り物で行く」 das Meer 387「海」

キョート　イスト　アム　シェーンステン　イム　ヘルプスト

Kyoto ist am schönsten im [Herbst].

京都は秋が一番きれいです。

▶ schön 469「美しい」

イム　ヴィンター　カン　マン　ヒーア　シー　ファーレン

Im [Winter] kann man hier Ski fahren.

冬にはここでスキーをすることができます。

▶ der Ski「スキー」

386
ゼー
der **See**

名|男 湖
複 die Seen

387
メーア
das **Meer**

名|中 （陸に囲まれた）海
複 die Meere
▪ die **See** 「(陸に対する) 海」

388
インゼル
die **Insel**

名|女 島
複 die Inseln

389
フルス
der **Fluss**

名|男 川
複 die Flüsse

390
ベルク
der **Berg**

名|男 山
複 die Berge

391
ヴァルト
der **Wald**

名|男 森
複 die Wälder

392
パルク
der **Park**

名|男 公園
複 die Parks

56

ヴィーア　ヴェルデン　イム　ホテル　アム　ゼー　　ユーバーナハテン

Wir werden im Hotel am ⎡See⎤ übernachten.

私たちは湖畔のホテルに泊まる予定です。

▶ werden **073**「〜するつもりだ」**das Hotel 248**「ホテル」**übernachten**「泊まる」

ファーレン　ヴィーア　アンス　メーア

Fahren wir ans ⎡Meer⎤!

海へ行こうよ！

▶ fahren **209**「乗り物で行く」

イッヒ　メヒテ　アオフ　アイナー　インゼル　レーベン

Ich möchte auf einer ⎡Insel⎤ leben.

私は島で暮らしたい。

▶ leben **291**「暮らしている」

ディーザー　フルス　イスト　デア　レングステ　イン　ヤーパン

Dieser ⎡Fluss⎤ ist der längste in Japan.

この川は日本で一番長いです。

▶ längst「もっとも長い」：lang **464**「長い」の最上級

ヴィーア　ベシュタイゲン　デン　ベルク

Wir besteigen den ⎡Berg⎤.

私たちはこの山に登ります。

▶ besteigen「登る」

イン　ドイチュラント　ゲート　マン　ゲルン　イム　ヴァルト　シュパツィーレン

In Deutschland geht man gern im ⎡Wald⎤ spazieren.

ドイツでは森の中を散歩することが好まれます。

▶ 動詞＋gern **267**「〜するのが好きだ」**spazieren|gehen**「散歩する」

ディー　キンダー　シュピーレン　イム　パルク

Die Kinder spielen im ⎡Park⎤.

子どもたちは公園で遊んでいます。

▶ das Kind **023**「子ども」**spielen 352**「遊ぶ」

393

グラース

das **Gras**

名｜中 草
複 die Gräser

394

ブラット

das **Blatt**

名｜中 葉
複 die Blätter

395

ブルーメ

die **Blume**

名｜女 花
複 die Blumen

396

バオム

der **Baum**

名｜男 木
複 die Bäume

397

シュタイン

der **Stein**

名｜男 石
複 die Steine

398

プフランツェ

die **Pflanze**

名｜女 植物
複 die Pflanzen

399

ティーア

das **Tier**

名｜中 動物
複 die Tiere

57

ディー　キンダー　リーゲン　イム　グラース
Die Kinder liegen im Gras.
子どもたちが草むらに横たわっている。
> ▶ **das Kind** `023`「子ども」 **liegen** `339`「横たわっている」

ディー　ブレッター　ファレン
Die Blätter fallen.
葉が落ちる。
> ▶ **fallen**「落ちる」

イッヒ　シュテレ　ブルーメン　イン　ディー　ヴァーゼ
Ich stelle Blumen in die Vase.
私は花をその花瓶に生けます。
> ▶ **stellen** `265`「〜を立てる」 **die Vase**「花瓶」

ウンター　デム　バオム　エッセン　ヴィーア　ミットターク
Unter dem Baum essen wir Mittag.
木の下で私たちは昼食を食べます。
> ▶ **unter** `217`「〜の下に」

ダス　ブロート　イスト　ハルト　ヴィー　シュタイン
Das Brot ist hart wie Stein.
このパンは石みたいに硬いね。
> ▶ **das Brot** `078`「パン」 **hart**「硬い」

フェアギス　ニヒト　ディー　プフランツェ　ツー　ギーセン
Vergiss nicht, die Pflanze zu gießen!
植物に水をやるのを忘れないで！
> ▶ **vergessen** `271`「〜を忘れる」 **nicht** `323`「〜ない」 **gießen**「〜に水をやる」

イン　ディーゼム　ヴァルト　レーベン　フェアシーデネ　ティーレ
In diesem Wald leben verschiedene Tiere.
この森にはいろいろな動物が棲んでいます。
> ▶ **der Wald** `391`「森」 **leben** `291`「暮らしている」 **verschieden**「いろいろな」

| 1回目 | 年 月 日 ／7 | 2回目 | 年 月 日 ／7 | 3回目 | 年 月 日 ／7 | 達成率 **79 %** |

400 ☐☐☐	フント der **Hund**	名|男 犬 複 die Hunde
401 ☐☐☐	カッツェ die **Katze**	名|女 猫 複 die Katzen
402 ☐☐☐	フォーゲル der **Vogel**	名|男 鳥 複 die Vögel
403 ☐☐☐	オステン der **Osten**	名|男 東 ▪ Nordosten「北東」
404 ☐☐☐	ヴェステン der **Westen**	名|男 西 ▪ Südwesten「南西」
405 ☐☐☐	ズューデン der **Süden**	名|男 南 ▪ Südosten「南東」
406 ☐☐☐	ノルデン der **Norden**	名|男 北 ▪ Nordwesten「北西」

58

イッヒ　ハーベ　アイネン　　フント
Ich habe einen Hund.
私は犬を一匹飼っています。
▶ haben 270「〜を持っている」

ヴィー　ハイスト　ダイネ　　カッツェ
Wie heißt deine Katze?
君の猫はなんていう名前なの？
▶ heißen 011「〜という名前である」

デア　フォーゲル　ズィンクト
Der Vogel singt.
鳥が歌う。
▶ singen 112「歌う」

ディー　ゾンネ　ゲート　イム　オステン　アオフ
Die Sonne geht im Osten auf.
太陽が東に昇ります。
▶ die Sonne 373「太陽」 auf|gehen「昇る」

ディー　シュタット　リークト　イム　　ヴェステン　　ヤーパンス
Die Stadt liegt im Westen Japans.
その都市は日本の西部にあります。
▶ die Stadt 239「都市」 liegen 339「ある」

ダス　ツィンマー　ゲート　ナーハ　ズューデン
Das Zimmer geht nach Süden.
その部屋は南向きです。
▶ das Zimmer 275「部屋」 nach 256「〜へ」

ヴィーア　ファーレン　ナーハ　ノルデン
Wir fahren nach Norden.
我々は北上中です。
▶ fahren 209「乗り物で行く」

1回目	年　月　日　／ 7	2回目	年　月　日　／ 7	3回目	年　月　日　／ 7	達成率 80 %

407

フォアミットターク

der **Vormittag**

名|男 午前
- vormittags 副「午前に」

408

ミットターク

der **Mittag**

名|男 正午；昼
- mittags 副「昼に」
- zu Mittag essen「昼食をとる」

409

ナーハミットターク

der **Nachmittag**

名|男 午後
- nachmittags 副「午後に」

410

アーベント

der **Abend**

名|男 晩；夕方
- abends 副「晩に」

411

モルゲン

der **Morgen**

名|男 朝

412

ターク

der **Tag**

名|男 昼；日
複 die Tage
- jeden Tag「毎日」

413

ナハト

die **Nacht**

名|女 夜
複 die Nächte
- nachts 副「夜に」

59

イェーデン　フォアミットターク　ゲート　マイン　グロースファーター　シュパツィーレン
Jeden [Vormittag] geht mein Großvater spazieren.

毎日午前中に私の祖父は散歩をします。

▶ **jeder** 490「どの〜も」　**spazieren|gehen**「散歩する」

ビス　ミットターク　ブライベ　イッヒ　ヒーア
Bis [Mittag] bleibe ich hier.

昼まで私はここにいます。

▶ **bleiben** 160「とどまる」　**hier** 171「ここで」

アム　ナーハミットターク　ルーフェ　イッヒ　ディヒ　アン
Am [Nachmittag] rufe ich dich an.

午後，君に電話をするね。

▶ **an|rufen** 069「（〜に）電話をする」

グーテン　アーベント
Guten [Abend]!

こんばんは。

グーテン　モルゲン
Guten [Morgen]!

おはようございます。

グーテン　ターク
Guten [Tag]!

こんにちは。

グーテ　ナハト
Gute [Nacht]!

おやすみなさい。

414 □
□
□ ゲスターン
gestern
副 昨日

415 □
□
□ ホイテ
heute
副 今日

416 □
□
□ モルゲン
morgen
副 明日

417 □
□
□ イエッツト
jetzt
副 今

418 □
□
□ ヤール
das **Jahr**
名|中 年, 年齢
複 die Jahre
▪ **in diesem Jahr**「今年」

419 □
□
□ モナート
der **Monat**
名|男 月
複 die Monate

420 □
□
□ ヴォッヘ
die **Woche**
名|女 週
複 die Wochen
▪ **das Wochenende**「週末」

60

ヴァス　ハスト　ドゥー　ゲスターン　　ゲマハト
Was hast du gestern gemacht?

君は昨日，何をしたの？

▶ was **219**「何を」 gemacht：machen **072**「する」の過去分詞

ホイテ　イスト　マイン　　ゲブルツターク
Heute ist mein Geburtstag.

今日は私の誕生日です。

▶ der Geburtstag **135**「誕生日」

モルゲン　イスト　モンターク
Morgen ist Montag.

明日は月曜日です。

▶ Montag「月曜日」

イエッツット　ハーベ　イッヒ　カイネ　ツァイト
Jetzt habe ich keine Zeit.

今，私は時間がありません。

▶ kein「～ない」 die Zeit **422**「時間」

イッヒ　ビン　ツヴァンツィヒ　ヤーレ　アルト
Ich bin zwanzig Jahre alt.

私は 20 歳です。

▶ zwanzig「20」

イッヒ　ヴェルデ　ヒーア　ツヴァイ　モナーテ　ブライベン
Ich werde hier zwei Monate bleiben.

私はここに 2 ヶ月間滞在する予定です。

▶ hier **171**「ここで」 zwei「2」 bleiben **160**「滞在する」

ザイト　アイナー　　ヴォッヘ　　リーゲ　イッヒ　イム　ベット
Seit einer Woche liege ich im Bett.

1 週間前から私はベットに寝ています。

▶ liegen **339**「横たわっている」 das Bett **284**「ベッド」

◆ 前置詞の働き

● 「は」「の」「に」「を」といった名詞の1格〜4格だけでは表しきれないことを表現したいとき，たとえば，「〜へ（方向）」や，「〜で（手段）」といった表現をつくるときに前置詞が用いられます。前置詞は名詞と結びついて前置詞句を作ります。また，それぞれの前置詞は後ろに続く名詞の格が決まっています。これを「前置詞の格支配」といいます。

dem Vater	その父に	（3格）
den Vater	その父を	（4格）
mit dem Vater	その父と	（3格支配の前置詞）
für den Vater	その父のために	（4格支配の前置詞）

◆ 3格支配の前置詞

〜から	〜のもとで	〜と一緒に	〜の後で 〜のほうへ	〜以来	〜から 〜の	〜の所に 〜へ
aus	bei	mit	nach	seit	von	zu

◆ 4格支配の前置詞

〜を通って	〜のために	〜に逆らって	〜なしで	〜のまわりに
durch	für	gegen	ohne	um

◆ 3・4格支配の前置詞

〜のきわ	〜の上	〜の後ろ	〜の中	〜の横	〜の上方	〜の下	〜の前	〜の間
an	auf	hinter	in	neben	über	unter	vor	zwischen

● 3・4格支配の前置詞は，あるときは3格の名詞を，あるときは4格の名詞を支配します。3格を支配するときは「状態・静止」を表し，4格を支配するときは「動作・方向」を表します。これらの前置詞は3格支配のときは「〜に」，4格支配のときは「〜へ」の意味になります。

Ich wohne in *der* Stadt.	私はこの街に住んでいます。	状態
Ich fahre in *die* Stadt.	私はこの街へ行きます。	方向

◆ 人称代名詞と所有冠詞

人称代名詞（単数）	所有冠詞（単数）	人称代名詞（複数）	所有冠詞（複数）
ich（私は）	**mein**（私の）	**wir**（私たちは）	**unser**（私たちの）
du（君は）	**dein**（君の）	**ihr**（君たちは）	**euer**（君たちの）
er（彼は）	**sein**（彼の）		
sie（彼女は）	**ihr**（彼女の）	**sie**（彼らは）	**ihr**（彼らの）
es（それは）	**sein**（それの）		
Sie（あなたは）	**Ihr**（あなたの）	**Sie**（あなたがたは）	**Ihr**（あなたがたの）

※ ドイツ語の2人称には家族や親しい友人に対して用いる親称 du / ihr と，目上の人や初対面の人に用いる敬称 Sie があります。

◆ 人称代名詞の格変化

格	私	君	彼	彼女	それ	私たち	君たち	彼ら	あなた（がた）
1	ich	du	er	sie	es	wir	ihr	sie	Sie
3	mir	dir	ihm	ihr	ihm	uns	euch	ihnen	Ihnen
4	mich	dich	ihn	sie	es	uns	euch	sie	Sie

※人称代名詞の2格はあまり用いられないため省略しています。

◆ 所有冠詞の格変化

格	男性名詞	女性名詞	中性名詞	複数形
1	mein Vater	meine Mutter	mein Kind	meine Kinder
2	meines Vaters	meiner Mutter	meines Kindes	meiner Kinder
3	meinem Vater	meiner Mutter	meinem Kind	meinen Kindern
4	meinen Vater	meine Mutter	mein Kind	meine Kinder

文法プラスα　5
再帰代名詞

主語と同一のものが目的語となってもう一度文の中で現れる場合，その目的語に再帰代名詞を用います。再帰代名詞は1人称と2人称は人称代名詞と同じ形ですが，3人称は sich という形を取ります。たとえば，「座らせる」という意味の他動詞 setzen は再帰代名詞を用いると「座る」という意味になります。また，体の部位に関する動作を表す際は，再帰動詞の3格がしばしば用いられます。

- **Er setzt** sich **auf den Stuhl.**（例文 307）
  彼はいすに座ります（彼は彼自身をいすに座らせます）。
- **Du musst** dir **die Zähne putzen.**（例文 346）君は歯を磨かないといけないよ。

421 □
□
□ die **Uhr**

ウーア

名|女 時計 ; ～時
複 die Uhren

422 □
□
□ die **Zeit**

ツァイト

名|女 時間 ; ～時

423 □
□
□ die **Stunde**

シュトゥンデ

名|女 時間
複 die Stunden

424 □
□
□ die **Minute**

ミヌーテ

名|女 分
複 die Minuten

425 □
□
□ die **Sekunde**

ゼクンデ

名|女 秒
複 die Sekunden

426 □
□
□ der **Anfang**

アンファング

名|男 はじめ, 始まり
複 die Anfänge
▪ am Anfang「最初に」

427 □
□
□ das **Ende**

エンデ

名|中 終わり
複 die Enden

61

エス イスト ドライ ウーア
Es ist drei [Uhr].

3時です。

▶ 質問 **Wie spät ist es?**「何時ですか」

ハーベン ズィー イエット ツァイト
Haben Sie jetzt [Zeit]?

今，お時間ありますか。

▶ **jetzt** 417「今」

ショーン アイネ シュトゥンデ ヴァルテット ズィー アオフ イーン
Schon eine [Stunde] wartet sie auf ihn.

すでに1時間，彼女は彼を待っています。

▶ **schon** 163「もう」 **warten** 159「待つ」

ビッテ ヴァルテン ズィー フュンフ ミヌーテン
Bitte warten Sie fünf [Minuten]!

5分待ってください。

▶ **bitte** 014「どうぞ」 **fünf**「5」

アイネ ミヌーテ ハット ゼヒツィヒ ゼクンデン
Eine [Minute] hat sechzig [Sekunden].

1分間は60秒です。

▶ **haben** 270「〜を持っている」 **sechzig**「60」

アム アンファング シュテレ イッヒ ミッヒ フォーア
Am [Anfang] stelle ich mich vor.

最初に自己紹介をします。

▶ **vor|stellen**「紹介する」

イッヒ ハーベ ダス ブーフ ビス ツー エンデ ゲレーゼン
Ich habe das Buch bis zu [Ende] gelesen.

私はこの本を終わりまで読みました。

▶ **das Buch** 036「本」 **bis** 257「〜まで」 **gelesen**：**lesen** 038「読む」の過去分詞

1回目	年 月 日 ／7	2回目	年 月 日 ／7	3回目	年 月 日 ／7	達成率 85 %

428 □
□
□
ユング
jung

形 若い

---

429 □
□
□
アルト
alt

形 年老いた；古い
▪ 数字 +Jahre alt「～歳」

---

430 □
□
□
フライ
frei

形 自由な；空いている

---

431 □
□
□
トラオリヒ
traurig

形 悲しい

---

432 □
□
□
グリュックリヒ
glücklich

形 幸せな
▪ unglücklich「不幸な」

---

433 □
□
□
ライヒ
reich

形 金持ちの；豊かな

---

434 □
□
□
アルム
arm

形 貧しい

62

ズィー イスト ノッホ ユング
Sie ist noch [jung].

彼女はまだ若い。

▶ **noch** 162「まだ」

ドルト ギープト エス アイン アルテス ハオス
Dort gibt es ein [altes] Haus.

一軒の古い家があります。

▶ **es gibt ～** 4 138「～がある」 **das Haus** 289「家」

イスト ディーザー プラッツ フライ
Ist dieser Platz [frei]?

この席は空いていますか。

▶ **der Platz** 242「席」

エア ズィート トラオリヒ アオス
Er sieht [traurig] aus.

彼は悲しそうに見える。

▶ **aus | sehen**「～のように見える」

イッヒ ビン グリュックリヒ
Ich bin [glücklich].

私は幸せです。

エア イスト ライヒ ウント グリュックリヒ
Er ist [reich] und [glücklich].

彼は金持ちで幸せだ。

ズィー イスト アルム アーバー グリュックリヒ
Sie ist [arm] aber [glücklich].

彼女は貧しいが幸せだ。

1回目	年 月 日 ／7	2回目	年 月 日 ／7	3回目	年 月 日 ／7	達成率 86 %

435
ミューデ
müde
[形] 疲れた，眠い

436
ファオル
faul
[形] 怠惰な，怠けた

437
ザット
satt
[形] 満腹の

438
シュラーフェン
schlafen
活用 p.174
[動] 眠る
▪ 不規則動詞

439
フューレン
fühlen
活用 p.169
[動] 感じる

440
ラッヘン
lachen
活用 p.172
[動] 笑う

441
ヴァイネン
weinen
活用 p.176
[動] 泣く

63

イッヒ ビン ミューデ
Ich bin müde.

私は疲れています。

エア イスト アイン ファオラー シュトゥデント
Er ist ein fauler Student.

彼は怠惰な学生だ。

▶ der Student 047「男子学生」

ビスト ドゥー ショーン ザット
Bist du schon satt?

もうお腹いっぱい？

▶ schon 163「もう」

ダス キント シュレーフト グート
Das Kind schläft gut.

その子はよく寝ています。

▶ das Kind 023「子ども」

イッヒ フューレ ディー リーベ マイナー ムッター
Ich fühle die Liebe meiner Mutter.

私は母の愛を感じます。

▶ die Liebe 370「愛」 die Mutter 017「母」

ヴィーア ラッヘン フィール
Wir lachen viel.

私たちはおおいに笑う。

▶ viel 492「たくさんの」

ダス ベイビ ヴァイント
Das Baby weint.

赤ちゃんが泣いています。

▶ das Baby 023「赤ちゃん」

---

442 □□□

グロース

groß

形 大きい

443 □□□

クライン

klein

形 小さい

444 □□□

ラオト

laut

形 音が大きい，騒々しい，
やかましい

445 □□□

ライゼ

leise

形 小さい，かすかな

446 □□□

ホーホ

hoch

形 高い

447 □□□

シュタルク

stark

形 強い

448 □□□

シュヴァハ

schwach

形 弱い

64

エア イスト ゾー グロース ヴィー イッヒ

Er ist so [groß] wie ich.

彼は私と同じくらいの背の高さです。

▶ so +形容詞+ wie「～と同じくらい…だ」

ダス ツィンマー イスト ツー クライン

Das Zimmer ist zu [klein].

この部屋は小さすぎます。

▶ das Zimmer 275「部屋」

ディー キンダー ズィント ツー ラオト

Die Kinder sind zu [laut].

子どもたちが騒々しすぎる。

▶ das Kind 023「子ども」

ズィー ヴァイント ライゼ

Sie weint [leise].

彼女はしくしくと泣いている。

▶ weinen 441「泣く」

ヘーベン ズィー ディー アルメ ホーホ

Heben Sie die Arme [hoch]!

腕を高く上げてください！

▶ heben「持ち上げる」 der Arm 348「腕」

イッヒ トリンケ アイネン シュタルケン カフェー

Ich trinke einen [starken] Kaffee.

私は濃いコーヒーを 1 杯飲みます。

▶ trinken 086「飲む」 der Kaffee 094「コーヒー」

マイン フント イスト アルト ウント シュヴァハ

Mein Hund ist alt und [schwach].

うちの犬は年をとり弱っています。

▶ der Hund 400「犬」 alt 429「年とった」

1回目	年 月 日 /7	2回目	年 月 日 /7	3回目	年 月 日 /7	達成率 89 %

147

449 ファルシュ
falsch
形 間違った

450 シュレヒト
schlecht
形 悪い

451 ドゥム
dumm
形 おろかな

452 カプット
kaputt
形 壊れた

453 ライダー
leider
形 残念ながら

454 ラングザーム
langsam
形 遅い，ゆっくり

455 シュネル
schnell
形 速い

イッヒ　ビン　イン　デン　　ファルシェン　　ツーク　アインゲシュティーゲン
Ich bin in den [falschen] Zug eingestiegen.

私は間違った列車に乗ってしまった。

▶ der Zug **190**「電車」 eingestiegen：ein|steigen「乗る」の過去分詞

エア　シュプリヒト　　シュレヒト　　　　ドイチュ
Er spricht [schlecht] Deutsch.

彼はひどいドイツ語を話す（彼のドイツ語はブロークンだ）。

▶ sprechen **226**「話す」

ドゥー　ビスト　　ニヒト　　　ドゥム
Du bist nicht [dumm].

君はおろかではない。

▶ nicht **323**「～ない」

ダス　ラーディオ　イスト　　カプット
Das Radio ist [kaputt].

ラジオが壊れた。

▶ das Radio **066**「ラジオ」

ライダー　　　カン　イッヒ　ホイテ　　ニヒト　　ゲーエン
[Leider] kann ich heute nicht gehen.

残念ながら今日は行けません。

▶ können **176**「～できる」 heute **415**「今日」 gehen **354**「行く」

ラングザーマー　　　ビッテ
[Langsamer] bitte!

もっとゆっくり言ってくれませんか！

▶ bitte **014**「どうぞ」

ファーレン　ズィー　ニヒト　ゾー　　シュネル
Fahren Sie nicht so [schnell]!

そんなにスピードを出さないでください！

▶ fahren **209**「運転する」 so **299**「そのように，そんなに」

---

456 ☐
☐
☐
フロイントリヒ
freundlich

形 親切な，フレンドリーな

457 ☐
☐
☐
ネット
nett

形 親切な，感じのいい

458 ☐
☐
☐
リヒティヒ
richtig

形 正しい

459 ☐
☐
☐
クルーク
klug

形 賢い

460 ☐
☐
☐
フライスィヒ
fleißig

形 勤勉な

461 ☐
☐
☐
グート
gut

形 よい，上手な

462 ☐
☐
☐
ベッサー
besser

形 よりよい

gut「よい」の比較級

ダス イスト ゼーア　　フロイントリヒ　　フォン イーネン
Das ist sehr [freundlich] von Ihnen.

ご親切にありがとうございます。

▶ **sehr** 496「とても」

ダイン　ブルーダー　イスト　ネット
Dein Bruder ist [nett].

君のお兄さんはいい人だね。

▶ **der Bruder** 018「兄」

イッヒ フィンデ　ダイネ　　マイヌング　　リヒティヒ
Ich finde deine Meinung [richtig].

私は君の意見は正しいと思います。

▶ **finden** 272「思う」 **die Meinung**「意見」

デア　　フント イスト クルーク
Der Hund ist [klug].

この犬は賢い。

▶ **der Hund** 400「犬」

ドゥー アルバイテスト　フライスィヒ
Du arbeitest [fleißig].

君は一生懸命働く。

▶ **arbeiten** 294「働く」

ディー　ズッペ　　シュメックト　グート
Die Suppe schmeckt [gut].

このスープはおいしい。

▶ **die Suppe** 096「スープ」 **schmecken**「～の味がする」

エア　シュヴィムト　　　ベッサー アルス イッヒ
Er schwimmt [besser] als ich.

彼は私より上手に泳ぎます。

▶ **schwimmen** 353「泳ぐ」 比較級＋**als** ～ 317「～より…だ」

| 1回目 | 年 月 日 ／7 | 2回目 | 年 月 日 ／7 | 3回目 | 年 月 日 ／7 | 達成率 92 % |

463
クルツ
kurz
形 短い

464
ラング
lang
形 長い

465
ライヒト
leicht
形 軽い，簡単な

466
シュヴェーア
schwer
形 重い

467
ヴァイト
weit
形 広い

468
エング
eng
形 (幅が) 狭い

469
シェーン
schön
形 美しい

67

ディー　ホーゼ　イスト　ツー　クルツ

Die Hose ist zu kurz.

このズボンは（裾が）短すぎる。

▶ die Hose「ズボン」 zu＋形容詞 327「あまりに～すぎる」

ズィー　トレークト　イーア　ハール　ラング

Sie trägt ihr Haar lang.

彼女は髪を長くしている。

▶ tragen 332「身につけている」 das Haar「髪」

ディー　ハオスアオフガーベ　イスト　ライヒト

Die Hausaufgabe ist leicht.

この宿題は易しい。

▶ die Hausaufgabe「宿題」

ダイン　コッファー　イスト　シュヴェーア

Dein Koffer ist schwer.

君のスーツケースは重いね。

▶ der Koffer「スーツケース」

デア　バーンホーフ　イスト　ヴァイト　フォン　ヒーア

Der Bahnhof ist weit von hier.

駅はここから遠い。

▶ der Bahnhof 244「駅」 hier 171「ここで」

ディー　シューエ　ズィント　ミーア　ツー　エング

Die Schuhe sind mir zu eng.

この靴は私にはきつすぎます。

▶ der Schuh 125「靴」

ディーゼ　シェーネ　フラオ　イスト　アイネ　ベリュームテ　シャオシュピーレリン

Diese schöne Frau ist eine berühmte Schauspielerin.

あの美しい女性は有名な女優だよ。

▶ die Frau 027「女性」 berühmt「有名な」 die Schauspielerin「女優」

| 1回目 | 年 月 日 /7 | 2回目 | 年 月 日 /7 | 3回目 | 年 月 日 /7 | 達成率 93 % |

153

470 □
□
□

ノイ

neu

形 新しい

471 □
□
□

フリッシュ

frisch

形 新鮮な

472 □
□
□

グライヒ

gleich

形 同じ

473 □
□
□

ヴィヒティヒ

wichtig

形 重要な

474 □
□
□

フェアティヒ

fertig

形 準備[用意]ができた

475 □
□
□

フリュー

früh

形 早い

476 □
□
□

シュペート

spät

形 遅い

68

イッヒ カオフェ アイン ノイエス ノティーツブーフ

Ich kaufe ein boxed(**neues**) **Notizbuch.**

私は新しい手帳を買います。

▶ **kaufen** 103「～を買う」 **das Notizbuch**「手帳」

フリッシェ ルフト マハト ミッヒ ミュンター

boxed(**Frische**) **Luft macht mich munter.**

新鮮な空気は私を目覚めさせます。

▶ **die Luft**「空気」 **machen ～ munter**「～を目覚めさせる」

トレッフェン ヴィーア ウンス アム グライヒェン オルト ヴィー ゲシュテルン

Treffen wir uns am boxed(**gleichen**) **Ort wie gestern.**

昨日と同じ場所で会いましょう。

▶ **treffen** 156「会う」 **der Ort**「場所」 **gestern** 414「昨日」

ディーゼス テーマ イスト ヴィヒティヒ

Dieses Thema ist boxed(**wichtig**).

このテーマは重要です。

▶ **das Thema**「テーマ」

フリューシュトゥック イスト フェアティヒ

Frühstück ist boxed(**fertig**).

朝食の準備ができました。

▶ **das Frühstück** 098「朝食」

イッヒ ムス モルゲン フリュー アップファーレン

Ich muss morgen boxed(**früh**) **abfahren.**

私は明日，早く出発しなくてはなりません。

▶ **müssen** 178「～しなくてはならない」 **ab|fahren** 169「出発する」

マイン ファーター コムト インマー シュペート ナーハ ハウゼ

Mein Vater kommt immer boxed(**spät**) **nach Hause.**

私の父はいつも遅くに帰宅します。

▶ **der Vater** 016「父」 **immer** 165「いつも」 **nach Hause kommen**「帰宅する」

| 1回目 | 年 月 日 /7 | 2回目 | 年 月 日 /7 | 3回目 | 年 月 日 /7 | 達成率 **94 %** |

155

477 □
□
□
ビリヒ
billig
形 安い

478 □
□
□
トイアー
teuer
形 高い

479 □
□
□
アインファハ
einfach
形 簡単な

480 □
□
□
シュヴィーリヒ
schwierig
形 難しい

481 □
□
□
ヘル
hell
形 明るい

482 □
□
□
ドゥンケル
dunkel
形 暗い

483 □
□
□
インテレサント
interessant
形 おもしろい，興味深い

69

デア　プローヴァー　イスト　ビリヒ
Der Pullover ist [billig].

このセーターは安い。

▶ der Pullover「セーター」

フューア　ミッヒ　イスト　ディー　タッシェ　ツー　トイアー
Für mich ist die Tasche zu [teuer].

私にとってこのバックは高価すぎます。

▶ für 147「〜にとって」 die Tasche 126「バッグ」

ダス　プロブレーメ　イスト　アインファハ　ツー　レーゼン
Das Problem ist [einfach] zu lösen.

この問題は簡単に解けます。

▶ das Problem 055「問題」 lösen「解く」

ディーゼ　アオフガーベ　イスト　シュヴィーリヒ
Diese Aufgabe ist [schwierig].

この課題は難しいです。

▶ die Aufgabe「課題」

ズィー　トレークト　ホイテ　アイン　ヘレス　クライト
Sie trägt heute ein [helles] Kleid.

彼女は今日，明るい色のドレスを着ています。

▶ tragen 332「着る」 das Kleid「服（特に女性のワンピース・ドレス）」

ドラオセン　ヴィルト　エス　ドゥンケル
Draußen wird es [dunkel].

外が暗くなる。

▶ draußen「外で」 werden 073「〜になる」

ダス　イスト　インテレサント
Das ist [interessant].

これはおもしろいね。

484 □□□
ズュース
süß
形 甘い

485 □□□
カルト
kalt
形 冷たい；寒い
▪ die **Kälte**「寒さ」

486 □□□
ハイス
heiß
形 暑い

487 □□□
ヴァルム
warm
形 温かい；暖かい

488 □□□
ヴィー
wie
副 ◆ どのように（= how《英》）
　　◆ 同じくらい

489 □□□
ヴィーフィール
wieviel
副 どのくらい

490 □□□
イェーダー
jeder
代 どの～も（= every《英》）

70

デア　クーヘン　イスト ツー ズュース
Der Kuchen ist zu boxed{**süß**}.

このケーキは甘すぎる。

▶ **der Kuchen** 089「ケーキ」 **zu**+形容詞 327「あまりに〜すぎる」

アーベンツ　イスト　マン　イン　ドイチュラント　カルト
Abends isst man in Deutschland boxed{**kalt**}.

ドイツでは夕食に冷たいもの（火を使わない料理）を食べます。

▶ **abends** 410「晩に」

イン ヤーパン イスト エス イム　ゾンマー　ゼーア ハイス
In Japan ist es im Sommer sehr boxed{**heiß**}.

日本の夏は非常に暑いです。

▶ **der Sommer** 383「夏」

ディーゼス　ヤール イスト エス　ヴァルム
Dieses Jahr ist es boxed{**warm**}.

今年は暖かい。

▶ **das Jahr** 418「年」

ヴィー　ゲート エス イーネン
boxed{**Wie**} **geht es Ihnen?**

ご機嫌はいかがですか。

ヴィーフィーレ　アインヴォーナー　ハット トキオ
boxed{**Wieviele**} **Einwohner hat Tokio?**

東京の人口はどのくらいですか。

▶ **der Einwohner**「住民」

イェーデス　キント ハット ザイネン　アイゲネン　トラオム
boxed{**Jedes**} **Kind hat seinen eigenen Traum.**

どの子もその子自身の夢を持っています。

▶ **das Kind** 023「子ども」 **der Traum** 371「夢」

1回目	年 月 日 ／7	2回目	年 月 日 ／7	3回目	年 月 日 ／7	達成率 97 %

159

491 □ ガンツ
ganz 　形 全部の；まったく

492 □ フィール
viel 　形 たくさんの，多くの

493 □ メーア
mehr 　形 より多くの
・nicht mehr「もはや〜ない」

494 □ マイスト
meist 　形 最も多く；たいていの

495 □ ヴェーニヒ
wenig 　形 少しの

496 □ ゼーア
sehr 　副 とても，非常に (= very《英》)

497 □ フォル
voll 　形 いっぱいの

71

ダス イスト ガンツ クラール
Das ist ganz klar.

それはまったく明白です。

▶ **klar**「明白な」

イッヒ ハーベ ホイテ フィール ツー トゥン
Ich habe heute viel zu tun.

私は今日，することがたくさんあります。

▶ **haben** 270「〜を持っている」 **heute** 415「今日」 **tun** 071「する」

イッヒ ヴィル メーア トリンケン
Ich will mehr trinken.

もっと飲みたいです。

▶ **wollen** 179「〜するつもりだ」 **trinken** 086「飲む」

ディー マイステン キンダー シュピーレン ゲルン ドラオセン
Die meisten Kinder spielen gern draußen.

たいていの子どもは外で遊ぶのが好きです。

▶ **das Kind** 023「子ども」 動詞＋**gern** 267「〜するのが好きだ」 **draußen**「外で」

ウンス ブライブト ヌーア ヴェーニヒ ツァイト
Uns bleibt nur wenig Zeit.

私たちにはわずかな時間しか残されていない。

▶ **bleiben** 160「残っている」 **nur** 326「ただ〜だけ」 **die Zeit** 422「時間」

エア イスト ゼーア ネット
Er ist sehr nett.

彼はとても親切です。

▶ **nett** 457「親切な」

ザイン ビューヒャーレガール イスト フォル ミット コミックス
Sein Bücherregal ist voll mit Comics.

彼の本棚はマンガでいっぱいです。

▶ **das Bücherregal** 036「本棚」 **der Comic**「マンガ」

1回目	年 月 日 /7	2回目	年 月 日 /7	3回目	年 月 日 /7	達成率 **99 %**

161

498 □□□
ゲヌーク
genug
[副] 十分な

499 □□□
プュンクトリヒ
pünktlich
[形] 時間どおりに

500 □□□
ミット
mit
[前] 〜と一緒に；〜で《手段》

501 □□□
ザイト
seit
[前] 〜以来

502 □□□
ウム
um
[前] 〜のまわりに；〜時に

503 □□□
バイ
bei
[前] 〜のもとに；〜の際に

504 □□□
アオス
aus
[前] 〜から；〜出身の

72

イッヒ ハーベ ゲヌーク ゲルト ツーム レーベン

Ich habe genug Geld zum Leben.

暮らしていくのに十分なお金は持っています。

▶ haben 270「～を持っている」 das Geld 100「お金」 das Leben「生活」

イン ヤーパン コメン ディー ツューゲ プュンクトリヒ

In Japan kommen die Züge pünktlich.

日本では電車が時間どおりに来ます。

▶ kommen 355「来る」 der Zug 190「電車」

エア コムト イエーデン ターク ミット デム ブース ツーア ウニ

Er kommt jeden Tag mit dem Bus zur Uni.

彼は毎日バスで大学へ行きます。

▶ jeden Tag 412「毎日」 der Bus 186「バス」 die Uni 044「大学」

ザイト ドライ モナーテン レルネン ヴィーア ドイチュ

Seit drei Monaten lernen wir Deutsch.

3か月前から私たちはドイツ語を学んでいます。

▶ drei「3」 der Monat 419「月」 lernen 041「学ぶ」

デア ラーデン エフネト ウム ノイン ウーア

Der Laden öffnet um neun Uhr.

この店は9時に開きます。

▶ der Laden 099「(小売りの)商店」 neun「9」

スィー ヴォーント バイ イーレン エルターン

Sie wohnt bei ihren Eltern.

彼女は両親と暮らしています。

▶ wohnen 290「住んでいる」 die Eltern 022「両親」

ニコール コムト アオス フランクライヒ

Nicole kommt aus Frankreich.

ニコルはフランス出身です。

▶ Frankreich「フランス」

文法復習⑥　否定表現

◆ ドイツ語の否定表現

基本的に nicht か kein で表現します。nicht は動詞を否定し，kein は冠詞（否定冠詞）で名詞を否定します。

◆ 否定表現　nicht と kein の使い分けの原則

① 不定冠詞つきの名詞，無冠詞の名詞を否定する場合は kein で否定。

● **Ich habe ein Auto.** ⇨ **Ich habe kein Auto.**　　私は車を持っていません。

＊ 不定冠詞は否定冠詞に置き換えることができます。また無冠詞の場合は否定冠詞が入り込む余地があるので，その位置に kein を入れて否定します。

② 定冠詞・所有冠詞つきの名詞を否定する場合は nicht で否定。

● **Ich kaufe das Buch.** ⇨ **Ich kaufe das Buch nicht.**

私はこの本を買いません。

＊ 定冠詞や所有冠詞を否定冠詞で置き換えてしまうと指示性が消えてしまうため冠詞を残す必要があります。そのためこの場合は nicht で否定します。

③ 全文否定（sein・werden を含む文の場合）は nicht で否定（nicht の位置は補語の前）。

● **Das Auto ist neu.** ⇨ **Das Auto ist nicht neu.**

この車は新しくありません。

④ 全文否定（③以外）nicht の位置は文末。

● **Ich lese das Buch.** ⇨ **Ich lese das Buch nicht.**

私はこの本を読みません。

⑤ 部分否定 nicht の位置は否定する語の前。

● **Ich lese das Buch.** ⇨ **Ich lese nicht das Buch.**

私はこの本は読みません。

文法プラスα　6
nicht の位置

熟語的なまとまりを考えたとき，否定表現は上記のとおりではありません。熟語的表現，方向を表す前置詞句や，存在，場所を表す前置詞句を含む場合，nicht の位置は以下のようになります。

● **Ich wohne nicht in Tokio.** 私は東京に住んでいません。
● **Ich spiele nicht Klavier.** 私はピアノを弾きません。
● **Er stellt das Buch nicht auf den Tisch.** 彼はこの本を机の上には置きません。

◆ ドイツ語のあいさつ

グーテン モルゲン **Guten Morgen!**	おはよう。
グーテン ターク **Guten Tag!**	こんにちは。
グーテン アーベント **Guten Abend!**	こんばんは。
グーテ ナハト **Gute Nacht!**	おやすみなさい。
ダンケ シェーン **Danke schön!**	ありがとう。
ビッテ シェーン **Bitte schön!**	どういたしまして。
ヴィーゲート エス イーネン **Wie geht es Ihnen?**	お元気ですか。
ダンケ エス ゲート ミーア グート **Danke, es geht mir gut.**	ありがとう，元気です。
ダンケ エス ゲート **Danke, es geht.**	ありがとう，まあまあです。
ダンケ エス ゲート ニヒト ゾー グート **Danke, es geht nicht so gut.**	ありがとう，あまり調子はよくないです。
エントシュルディグング **Entschuldigung!**	すみません。
アオフ ヴィーダーゼーエン **Auf Wiedersehen!**	さようなら。
チュス **Tschüs!**	じゃあね。

◆ ドイツ語の月

ヤヌアール **Januar** 1月	フェブルアール **Februar** 2月	メルツ **März** 3月	アプリル **April** 4月	マイ **Mai** 5月	ユーニ **Juni** 6月
ユーリ **Juli** 7月	アウグスト **August** 8月	ゼプテンバー **September** 9月	オクトーバー **Oktober** 10月	ノヴェンバー **November** 11月	デツェンバー **Dezember** 12月

Der Wievielte ist heute? ― Heute ist der erste Mai.
今日は何日ですか。― 今日は5月1日です。

◆ ドイツ語の曜日

モンターク **Montag** 月曜日	ディーンスターク **Dienstag** 火曜日	ミットヴォホ **Mittwoch** 水曜日	ドナースターク **Donnerstag** 木曜日
フライターク **Freitag** 金曜日	ザムスターク **Samstag** 土曜日	ゾンターク **Sonntag** 日曜日	ディー ヴォッヘ **die Woche** 一週間

Welchen Tag haben wir heute? ― Heute ist Mittwoche.
今日は何曜日ですか。― 今日は水曜日です。

見出し語の動詞活用一覧

※ 活用が **2** パターンあるところは以下のように示してあります。
　　stä[ü]nde（= **stände** ／ **stünde**），trüg(e)st（= **trügst** ／ **trügest**）

★：不規則動詞　　◆：過去分詞

		不定詞	直説法・現在	直説法・過去	接続法・Ⅰ	接続法・Ⅱ
169		ab|fahren ★ ◆abgefahren	ich fahre ab du fährst ab er/sie/es fährt ab wir fahren ab ihr fahrt ab sie/Sie fahren ab	fuhr ab fuhrst ab fuhr ab fuhren ab fuhrt ab fuhren ab	fahre ab fahrest ab fahre ab fahren ab fahret ab fahren ab	führe ab führest ab führe ab führen ab führet ab führen ab
357		an|fangen ◆angefangen	ich fange an du fängst an er/sie/es fängt an wir fangen an ihr fangt an sie/Sie fangen an	fing an fingst an fing an fingen an fingt an fingen an	fange an fangest an fange an fangen an fanget an fangen an	finge an fingest an finge an fingen an finget an fingen an
170		an|kommen ◆angekommen	ich komme an du kommst an er/sie/es kommt an wir kommen an ihr kommt an sie/Sie kommen an	kam an kamst an kam an kamen an kamt an kamen an	komme an kommest an komme an kommen an kommet an kommen an	käme an kämest an käme an kämen an kämet an kämen an
069		an|rufen ◆angerufen	ich rufe an du rufst an er/sie/es ruft an wir rufen an ihr ruft an sie/Sie rufen an	rief an riefst an rief an riefen an rieft an riefen an	rufe an rufest an rufe an rufen an rufet an rufen an	riefe an riefest an riefe an riefen an riefet an riefen an
266		auf|stehen ◆aufgestanden	ich stehe auf du stehst auf er/sie/es steht auf wir stehen auf ihr steht auf sie/Sie stehen auf	stand auf standest auf stand auf standen auf standet auf standen auf	stehe auf stehest auf stehe auf stehen auf stehet auf stehen auf	stä[ü]nde auf stä[ü]ndest auf stä[ü]nde auf stä[ü]nden auf stä[ü]ndet auf stä[ü]nden auf
188		aus|steigen ◆ausgestiegen	ich steige aus du steigst aus er/sie/es steigt aus wir steigen aus ihr steigt aus sie/Sie steigen aus	stieg aus stiegst aus stieg aus stiegen aus stiegt aus stiegen aus	steige aus steigest aus steige aus steigen aus steiget aus steigen aus	stiege aus stiegest aus stiege aus stiegen aus stieget aus stiegen aus
157		ein|laden ★ ◆eingeladen	ich lade ein du lädst ein er/sie/es lädt ein wir laden ein ihr lad(e)t ein sie/Sie laden ein	lud ein lud(e)st ein lud ein luden ein ludt ein luden ein	lade ein ladest ein lade ein laden ein ladet ein laden ein	lüde ein lüdest ein lüde ein lüden ein lüdet ein lüden ein
189		ein|steigen ◆eingestiegen	ich steige ein du steigst ein er/sie/es steigt ein wir steigen ein ihr steigt ein sie/Sie steigen ein	stieg ein stiegst ein stieg ein stiegen ein stiegt ein stiegen ein	steige ein steigest ein steige ein steigen ein steiget ein steigen ein	stiege ein stiegest ein stiege ein stiegen ein stieget ein stiegen ein

		直説法・現在	直説法・過去	接続法・I	接続法・II
	不定詞				
264	ich	ändere	änderte	ändere	änderte
	du	änderst	ändertest	änderest	ändertest
ändern	er/sie/es	ändert	änderte	ändere	änderte
◆ geändert	wir	ändern	änderten	ändern	änderten
	ihr	ändert	ändertet	änderet	ändertet
	sie/Sie	ändern	änderten	ändern	änderten
296	ich	antworte	antwortete	antworte	antwortete
	du	antwortest	antwortetest	antwortest	antwortetest
antworten	er/sie/es	antwortet	antwortete	antworte	antwortete
◆ geantwortet	wir	antworten	antworteten	antworten	antworteten
	ihr	antwortet	antwortetet	antwortet	antwortetet
	sie/Sie	antworten	antworteten	antworten	antworteten
294	ich	arbeite	arbeitete	arbeite	arbeitete
	du	arbeitest	arbeitetest	arbeitest	arbeitetest
arbeiten	er/sie/es	arbeitet	arbeitete	arbeite	arbeitete
◆ gearbeitet	wir	arbeiten	arbeiteten	arbeiten	arbeiteten
	ihr	arbeitet	arbeitetet	arbeitet	arbeitetet
	sie/Sie	arbeiten	arbeiteten	arbeiten	arbeiteten
139	ich	bekomme	bekam	bekomme	bekomme
	du	bekommst	bekamst	bekommest	bekommest
bekommen	er/sie/es	bekommt	bekam	bekomme	bekomme
◆ bekommen	wir	bekommen	bekamen	bekommen	bekommen
	ihr	bekommt	bekamt	bekommet	bekommet
	sie/Sie	bekommen	bekamen	bekommen	bekommen
101	ich	bestelle	bestellte	bestelle	bestellte
	du	bestellst	bestelltest	bestellest	bestelltest
bestellen	er/sie/es	bestellt	bestellte	bestelle	bestellte
◆ bestellt	wir	bestellen	bestellten	bestellen	bestellten
	ihr	bestellt	bestelltet	bestellet	bestelltet
	sie/Sie	bestellen	bestellten	bestellen	bestellten
158	ich	besuche	besuchte	besuche	besuchte
	du	besuchst	besuchtest	besuchest	besuchtest
besuchen	er/sie/es	besucht	besuchte	besuche	besuchte
◆ besucht	wir	besuchen	besuchten	besuchen	besuchten
	ihr	besucht	besuchtet	besuchet	besuchtet
	sie/Sie	besuchen	besuchten	besuchen	besuchten
104	ich	bezahle	bezahlte	bezahle	bezahlte
	du	bezahlst	bezahltest	bezahlest	bezahltest
bezahlen	er/sie/es	bezahlt	bezahlte	bezahle	bezahlte
◆ bezahlt	wir	bezahlen	bezahlten	bezahlen	bezahlten
	ihr	bezahlt	bezahltet	bezahlet	bezahltet
	sie/Sie	bezahlen	bezahlten	bezahlen	bezahlten
262	ich	bitte	bat	bitte	bäte
	du	bittest	batest	bittest	bätest
bitten	er/sie/es	bittet	bat	bitte	bäte
◆ gebeten	wir	bitten	baten	bitten	bäten
	ihr	bittet	batet	bittet	bätet
	sie/Sie	bitten	baten	bitten	bäten

167

	不定詞		直説法・現在	直説法・過去	接続法・I	接続法・II
160	bleiben ◆geblieben	ich	bleibe	blieb	bleibe	bliebe
		du	bleibst	bliebst	bleibest	bliebest
		er/sie/es	bleibt	blieb	bleibe	bliebe
		wir	bleiben	blieben	bleiben	blieben
		ihr	bleibt	bliebt	bleibet	bliebet
		sie/Sie	bleiben	blieben	bleiben	blieben
263	brauchen ◆gebraucht	ich	brauche	brauchte	brauche	bräuchte
		du	brauchst	brauchtest	brauchest	bräuchtest
		er/sie/es	braucht	brauchte	brauche	bräuchte
		wir	brauchen	brauchten	brauchen	bräuchten
		ihr	braucht	brauchtet	brauchet	bräuchtet
		sie/Sie	brauchen	brauchten	brauchen	bräuchten
334	bringen ◆gebracht	ich	bringe	brachte	bringe	brachte
		du	bringst	brachtest	bringest	brachtest
		er/sie/es	bringt	brachte	bringe	brachte
		wir	bringen	brachten	bringen	brachten
		ihr	bringt	brachtet	bringet	brachtet
		sie/Sie	bringen	brachten	bringen	brachten
142	danken ◆gedankt	ich	danke	dankte	danke	dankte
		du	dankst	danktest	dankest	danktest
		er/sie/es	dankt	dankte	danke	dankte
		wir	danken	dankten	danken	dankten
		ihr	dankt	danktet	danket	danktet
		sie/Sie	danken	dankten	danken	dankten
229	denken ◆gedacht	ich	denke	dachte	denke	dachte
		du	denkst	dachtest	denkest	dachtest
		er/sie/es	denkt	dachte	denke	dachte
		wir	denken	dachten	denken	dachten
		ihr	denkt	dachtet	denket	dachtet
		sie/Sie	denken	dachten	denken	dachten
077	entschuldigen ◆entschuldigt	ich	entschuldige	entschuldigte	entschuldige	entschuldigte
		du	entschuldigst	entschuldigtest	entschuldigest	entschuldigtest
		er/sie/es	entschuldigt	entschuldigte	entschuldige	entschuldigte
		wir	entschuldigen	entschuldigten	entschuldigen	entschuldigten
		ihr	entschuldigt	entschuldigtet	entschuldiget	entschuldigtet
		sie/Sie	entschuldigen	entschuldigten	entschuldigen	entschuldigten
297	erklären ◆erklärt	ich	erkläre	erklärte	erkläre	erklärte
		du	erklärst	erklärtest	erklärest	erklärtest
		er/sie/es	erklärt	erklärte	erkläre	erklärte
		wir	erklären	erklärten	erklären	erklärten
		ihr	erklärt	erklärtet	erkläret	erklärtet
		sie/Sie	erklären	erklärten	erklären	erklärten
227	erzählen ◆erzählt	ich	erzähle	erzählte	erzähle	erzählte
		du	erzählst	erzähltest	erzählest	erzähltest
		er/sie/es	erzählt	erzählte	erzähle	erzählte
		wir	erzählen	erzählten	erzählen	erzählten
		ihr	erzählt	erzähltet	erzählet	erzähltet
		sie/Sie	erzählen	erzählten	erzählen	erzählten

		不定詞	直説法・現在	直説法・過去	接続法・I	接続法・II
85		ich	esse	aß	esse	äße
		du	isst	aßest	essest	äßest
	essen *	er/sie/es	isst	aß	esse	äße
	◆ gegessen	wir	essen	aßen	essen	äßen
		ihr	esst	aßt	esset	äßet
		sie/Sie	essen	aßen	essen	äßen
209		ich	fahre	fuhr	fahre	führe
		du	fährst	fuhrst	fahrest	führest
	fahren *	er/sie/es	fährt	fuhr	fahre	führe
	◆ gefahren	wir	fahren	fuhren	fahren	führen
		ihr	fahrt	fuhrt	fahret	führet
		sie/Sie	fahren	fuhren	fahren	führen
272		ich	finde	fand	finde	fände
		du	findest	fandest	findest	fändest
	finden	er/sie/es	findet	fand	finde	fände
	◆ gefunden	wir	finden	fanden	finden	fänden
		ihr	findet	fandet	findet	fändet
		sie/Sie	finden	fanden	finden	fänden
210		ich	fliege	flog	fliege	flöge
		du	fliegst	flogst	fliegest	flögest
	fliegen	er/sie/es	fliegt	flog	fliege	flöge
	◆ geflogen	wir	fliegen	flogen	fliegen	flögen
		ihr	fliegt	flogt	flieget	flöget
		sie/Sie	fliegen	flogen	fliegen	flögen
295		ich	frage	fragte	frage	fragte
		du	fragst	fragtest	fragest	fragtest
	fragen	er/sie/es	fragt	fragte	frage	fragte
	◆ gefragt	wir	fragen	fragten	fragen	fragten
		ihr	fragt	fragtet	fraget	fragtet
		sie/Sie	fragen	fragten	fragen	fragten
141		ich	freue	freute	freue	freute
		du	freust	freutest	freuest	freutest
	freuen	er/sie/es	freut	freute	freue	freute
	◆ gefreut	wir	freuen	freuten	freuen	freuten
		ihr	freut	freutet	freuet	freutet
		sie/Sie	freuen	freuten	freuen	freuen
439		ich	fühle	fühlte	fühle	fühlte
		du	fühlst	fühltest	fühlest	fühltest
	fühlen	er/sie/es	fühlt	fühlte	fühle	fühlte
	◆ gefühlt	wir	fühlen	fühlten	fühlen	fühlten
		ihr	fühlt	fühltet	fühlet	fühltet
		sie/Sie	fühlen	fühlten	fühlen	fühlten
138		ich	gebe	gab	gebe	gäbe
		du	gibst	gabst	gebest	gäbest
	geben *	er/sie/es	gibt	gab	gebe	gäbe
	◆ gegeben	wir	geben	gaben	geben	gäben
		ihr	gebt	gabt	gebet	gäbet
		sie/Sie	geben	gaben	geben	gäben

		不定詞	直説法・現在	直説法・過去	接続法・I	接続法・II
140		ich	gefalle	gefiel	gefalle	gefiele
		du	gefällst	gefielst	gefallest	gefielest
	gefallen ★	er/sie/es	gefällt	gefiel	gefalle	gefiele
	◆ gefallen	wir	gefallen	gefielen	gefallen	gefielen
		ihr	gefallt	gefielt	gefallet	gefielet
		sie/Sie	gefallen	gefielen	gefallen	gefielen
354		ich	gehe	ging	gehe	ginge
		du	gehst	gingst	gehest	gingest
	gehen	er/sie/es	geht	ging	gehe	ginge
	◆ gegangen	wir	gehen	gingen	gehen	gingen
		ihr	geht	gingt	gehet	ginget
		sie/Sie	gehen	gingen	gehen	gingen
070		ich	gehöre	gehörte	gehöre	gehörte
		du	gehörst	gehörtest	gehörest	gehörtest
	gehören	er/sie/es	gehört	gehörte	gehöre	gehörte
	◆ gehört	wir	gehören	gehörten	gehören	gehörten
		ihr	gehört	gehörtet	gehöret	gehörtet
		sie/Sie	gehören	gehörten	gehören	gehörten
230		ich	glaube	glaubte	glaube	glaubte
		du	glaubst	glaubtest	glaubest	glaubtest
	glauben	er/sie/es	glaubt	glaubte	glaube	glaubte
	◆ geglaubt	wir	glauben	glaubten	glauben	glaubten
		ihr	glaubt	glaubtet	glaubet	glaubtet
		sie/Sie	glauben	glaubten	glauben	glaubten
270		ich	habe	hatte	habe	hätte
		du	hast	hattest	habest	hättest
	haben ★	er/sie/es	hat	hatte	habe	hätte
	◆ gehabt	wir	haben	hatten	haben	hätten
		ihr	habt	hattet	habet	hättet
		sie/Sie	haben	hatten	haben	hätten
331		ich	halte	hielt	halte	hielt
		du	hältst	hieltest	haltest	hieltest
	halten ★	er/sie/es	hält	hielt	halte	hielt
	◆ gehalten	wir	halten	hielten	halten	hielten
		ihr	haltet	hieltet	haltet	hieltet
		sie/Sie	halten	hielten	halten	hielten
335		ich	hänge	hing	hänge	hinge
		du	hängst	hingst	hängest	hingest
	hängen	er/sie/es	hängt	hing	hänge	hinge
	◆ gehangen	wir	hängen	hingen	hängen	hingen
		ihr	hängt	hingt	hänget	hinget
		sie/Sie	hängen	hingen	hängen	hingen
010		ich	heiße	hieß	heiße	hieße
		du	heißt	hießt	heißest	hießest
	heißen	er/sie/es	heißt	hieß	heiße	hieße
	◆ geheißen	wir	heißen	hießen	heißen	hießen
		ihr	heißt	hießt	heißet	hießet
		sie/Sie	heißen	hießen	heißen	hießen

		直説法・現在	直説法・過去	接続法・I	接続法・II
	不定詞				
261		ich	helfe	half	helfe	hülfe
		du	hilfst	halfst	helfest	hülfest
	helfen ★	er/sie/es	hilft	half	helfe	hülfe
	◆geholfen	wir	helfen	halfen	helfen	hülfen
		ihr	helft	halft	helfet	hülfet
		sie/Sie	helfen	halfen	helfen	hülfen
144		ich	hoffe	hoffte	hoffe	hoffte
		du	hoffst	hofftest	hoffest	hofftest
	hoffen	er/sie/es	hofft	hoffte	hoffe	hoffte
	◆gehofft	wir	hoffen	hofften	hoffen	hofften
		ihr	hofft	hofftet	hoffet	hofftet
		sie/Sie	hoffen	hofften	hoffen	hofften
333		ich	hole	holte	hole	holte
		du	holst	holtest	holest	holtest
	holen	er/sie/es	holt	holte	hole	holte
	◆geholt	wir	holen	holten	holen	holten
		ihr	holt	holtet	holet	holtet
		sie/Sie	holen	holten	holen	holten
110		ich	höre	hörte	höre	hörte
		du	hörst	hörtest	hörest	hörtest
	hören	er/sie/es	hört	hörte	höre	hörte
	◆gehört	wir	hören	hörten	hören	hörten
		ihr	hört	hörtet	höret	hörtet
		sie/Sie	hören	hörten	hören	hörten
103		ich	kaufe	kaufte	kaufe	kaufte
		du	kaufst	kauftest	kaufest	kauftest
	kaufen	er/sie/es	kauft	kaufte	kaufe	kaufte
	◆gekauft	wir	kaufen	kauften	kaufen	kauften
		ihr	kauft	kauftet	kaufet	kauftet
		sie/Sie	kaufen	kauften	kaufen	kauften
075		ich	kenne	kannte	kenne	kannte
		du	kennst	kanntest	kennest	kanntest
	kennen	er/sie/es	kennt	kannte	kenne	kannte
	◆gekannt	wir	kennen	kannten	kennen	kannten
		ihr	kennt	kanntet	kennet	kanntet
		sie/Sie	kennen	kannten	kennen	kannten
292		ich	koche	kochte	koche	kochte
		du	kochst	kochtest	kochest	kochtest
	kochen	er/sie/es	kocht	kochte	koche	kochte
	◆gekocht	wir	kochen	kochten	kochen	kochten
		ihr	kocht	kochtet	kochet	kochtet
		sie/Sie	kochen	kochten	kochen	kochten
355		ich	komme	kam	komme	käme
		du	kommst	kamst	kommest	kämest
	kommen	er/sie/es	kommt	kam	komme	käme
	◆gekommen	wir	kommen	kamen	kommen	kämen
		ihr	kommt	kamt	kommet	kämet
		sie/Sie	kommen	kamen	kommen	kämen

	不定詞		直説法・現在	直説法・過去	接続法・I	接続法・II
102	kosten ◆ gekostet	ich	koste	kostete	koste	kostete
		du	kostest	kostetest	kostest	kostetest
		er/sie/es	kostet	kostete	koste	kostete
		wir	kosten	kosteten	kosten	kosteten
		ihr	kostet	kostetet	kostet	kostetet
		sie/Sie	kosten	kosteten	kosten	kosteten
440	lachen ◆ gelacht	ich	lache	lachte	lache	lachte
		du	lachst	lachtest	lachest	lachtest
		er/sie/es	lacht	lachte	lache	lachte
		wir	lachen	lachten	lachen	lachten
		ihr	lacht	lachtet	lachet	lachtet
		sie/Sie	lachen	lachten	lachen	lachten
356	laufen ◆ gelaufen	ich	laufe	lief	laufe	liefe
		du	läufst	liefst	laufest	liefest
		er/sie/es	läuft	lief	laufe	liefe
		wir	laufen	liefen	laufen	liefen
		ihr	lauft	lieft	laufet	liefet
		sie/Sie	laufen	liefen	laufen	liefen
291	leben ◆ gelebt	ich	lebe	lebte	lebe	lebte
		du	lebst	lebtest	lebest	lebtest
		er/sie/es	lebt	lebte	lebe	lebte
		wir	leben	lebten	leben	lebten
		ihr	lebt	lebtet	lebet	lebtet
		sie/Sie	leben	lebten	leben	lebten
340	legen ◆ gelegt	ich	lege	legte	lege	legte
		du	legst	legtest	legest	legtest
		er/sie/es	legt	legte	lege	legte
		wir	legen	legten	legen	legten
		ihr	legt	legtet	leget	legtet
		sie/Sie	legen	legten	legen	legten
041	lernen ◆ gelernt	ich	lerne	lernte	lerne	lernte
		du	lernst	lerntest	lernest	lerntest
		er/sie/es	lernt	lernte	lerne	lernte
		wir	lernen	lernten	lernen	lernten
		ihr	lernt	lerntet	lernet	lerntet
		sie/Sie	lernen	lernten	lernen	lernten
038	lesen * ◆ gelesen	ich	lese	las	lese	läse
		du	liest	last	lesest	läsest
		er/sie/es	liest	las	lese	läse
		wir	lesen	lasen	lesen	läsen
		ihr	lest	last	leset	läset
		sie/Sie	lesen	lasen	lesen	läsen
143	lieben ◆ geliebt	ich	liebe	liebte	liebe	liebte
		du	liebst	liebtest	liebest	liebtest
		er/sie/es	liebt	liebte	liebe	liebte
		wir	lieben	liebten	lieben	liebten
		ihr	liebt	liebtet	liebet	liebtet
		sie/Sie	lieben	liebten	lieben	liebten

	不定詞		直説法・現在	直説法・過去	接続法・Ⅰ	接続法・Ⅱ
339	liegen ◆gelegen	ich	liege	lag	liege	läge
		du	liegst	lagst	liegest	lägest
		er/sie/es	liegt	lag	liege	läge
		wir	liegen	lagen	liegen	lägen
		ihr	liegt	lagt	lieget	läget
		sie/Sie	liegen	lagen	liegen	lägen
072	machen ◆gemacht	ich	mache	machte	mache	machte
		du	machst	machtest	machest	machtest
		er/sie/es	macht	machte	mache	machte
		wir	machen	machten	machen	machten
		ihr	macht	machtet	machet	machtet
		sie/Sie	machen	machten	machen	machten
330	nehmen * ◆genommen	ich	nehme	nahm	nehme	nähme
		du	nimmst	nahmst	nehmest	nähmest
		er/sie/es	nimmt	nahm	nehme	nähme
		wir	nehmen	nahmen	nehmen	nähmen
		ihr	nehmt	nahmt	nehmet	nähmet
		sie/Sie	nehmen	nahmen	nehmen	nähmen
273	öffnen ◆geöffnet	ich	öffne	öffnete	öffne	öffnete
		du	öffnest	öffnetest	öffnest	öffnetest
		er/sie/es	öffnet	öffnete	öffne	öffnete
		wir	öffnen	öffneten	öffnen	öffneten
		ihr	öffnet	öffnetet	öffnet	öffnetet
		sie/Sie	öffnen	öffneten	öffnen	öffneten
293	rauchen ◆geraucht	ich	rauche	rauchte	rauche	rauchte
		du	rauchst	rauchtest	rauchest	rauchtest
		er/sie/es	raucht	rauchte	rauche	rauchte
		wir	rauchen	rauchten	rauchen	rauchten
		ihr	raucht	rauchtet	rauchet	rauchtet
		sie/Sie	rauchen	rauchten	rauchen	rauchten
074	regnen ◆geregnet	ich	regne	regnete	regne	regnete
		du	regnest	regnetest	regnest	regnetest
		er/sie/es	regnet	regnete	regne	regnete
		wir	regnen	regneten	regnen	regneten
		ihr	regnet	regnetet	regnet	regnetet
		sie/Sie	regnen	regneten	regnen	regneten
208	reisen ◆gereist	ich	reise	reiste	reise	reiste
		du	reist	reistest	reisest	reistest
		er/sie/es	reist	reiste	reise	reiste
		wir	reisen	reisten	reisen	reisten
		ihr	reist	reistet	reiset	reistet
		sie/Sie	reisen	reisten	reisen	reisten
228	sagen ◆gesagt	ich	sage	sagte	sage	sagte
		du	sagst	sagtest	sagest	sagtest
		er/sie/es	sagt	sagte	sage	sagte
		wir	sagen	sagten	sagen	sagten
		ihr	sagt	sagtet	saget	sagtet
		sie/Sie	sagen	sagten	sagen	sagten

		不定詞	直説法・現在	直説法・過去	接続法・I	接続法・II
137	schenken ◆ geschenkt	ich	schenke	schenkte	schenke	schenkte
		du	schenkst	schenktest	schenkest	schenktest
		er/sie/es	schenkt	schenkte	schenke	schenkte
		wir	schenken	schenkten	schenken	schenkten
		ihr	schenkt	schenktet	schenket	schenktet
		sie/Sie	schenken	schenkten	schenken	schenkten
154	schicken ◆ geschickt	ich	schicke	schickte	schicke	schickte
		du	schickst	schicktest	schickest	schicktest
		er/sie/es	schickt	schickte	schicke	schickte
		wir	schicken	schickten	schicken	schickten
		ihr	schickt	schicktet	schicket	schicktet
		sie/Sie	schicken	schickten	schicken	schickten
438	schlafen ◆ geschlafen	ich	schlafe	schlief	schlafe	schliefe
		du	schläfst	schliefst	schlafest	schliefest
		er/sie/es	schläft	schlief	schlafe	schliefe
		wir	schlafen	schliefen	schlafen	schliefen
		ihr	schlaft	schlieft	schlafet	schliefet
		sie/Sie	schlafen	schliefen	schlafen	schliefen
336	schlagen * ◆ geschlagen	ich	schlage	schlug	schlage	schlüge
		du	schlägst	schlugst	schlagest	schlügest
		er/sie/es	schlägt	schlug	schlage	schlüge
		wir	schlagen	schlugen	schlagen	schlügen
		ihr	schlagt	schlugt	schlaget	schlüget
		sie/Sie	schlagen	schlugen	schlagen	schlügen
153	schreiben ◆ geschrieben	ich	schreibe	schrieb	schreibe	schriebe
		du	schreibst	schriebst	schreibest	schriebest
		er/sie/es	schreibt	schrieb	schreibe	schriebe
		wir	schreiben	schrieben	schreiben	schrieben
		ihr	schreibt	schriebt	schreibet	schriebet
		sie/Sie	schreiben	schrieben	schreiben	schrieben
353	schwimmen ◆ geschwommen	ich	schwimme	schwamm	schwimme	schwö[ä]mme
		du	schwimmst	schwammst	schwimmest	schwö[ä]mmest
		er/sie/es	schwimmt	schwamm	schwimme	schwö[ä]mme
		wir	schwimmen	schwammen	schwimmen	schwö[ä]mmen
		ihr	schwimmt	schwammt	schwimmet	schwö[ä]mmet
		sie/Sie	schwimmen	schwammen	schwimmen	schwö[ä]mmen
111	sehen * ◆ gesehen	ich	sehe	sah	sehe	sähe
		du	siehst	sahst	sehest	sähest
		er/sie/es	sieht	sah	sehe	sähe
		wir	sehen	sahen	sehen	sähen
		ihr	seht	saht	sehet	sähet
		sie/Sie	sehen	sahen	sehen	sähen
009	sein * ◆ gewesen	ich	bin	war	sei	wäre
		du	bist	warst	sei(e)st	wärest
		er/sie/es	ist	war	sei	wäre
		wir	sind	waren	seien	wären
		ihr	seid	wart	seiet	wäret
		sie/Sie	sind	waren	seien	wären

		不定詞	直説法・現在	直説法・過去	接続法・Ⅰ	接続法・Ⅱ
112	singen ◆ gesungen	ich	singe	sang	singe	sänge
		du	singst	sangst	singest	sängest
		er/sie/es	singt	sang	singe	sänge
		wir	singen	sangen	singen	sängen
		ihr	singt	sangt	singet	sänget
		sie/Sie	singen	sangen	singen	sängen
338	sitzen ◆ gesessen	ich	sitze	saß	sitze	säße
		du	sitzt	saßt	sitzest	säßest
		er/sie/es	sitzt	saß	sitze	säße
		wir	sitzen	saßen	sitzen	säßen
		ihr	sitzt	saßt	sitzet	säßet
		sie/Sie	sitzen	saßen	sitzen	säßen
352	spielen ◆ gespielt	ich	spiele	spielte	spiele	spielte
		du	spielst	spieltest	spielest	spieltest
		er/sie/es	spielt	spielte	spiele	spielte
		wir	spielen	spielten	spielen	spielten
		ihr	spielt	spieltet	spielet	spieltet
		sie/Sie	spielen	spielten	spielen	spielten
226	sprechen * ◆ gesprochen	ich	spreche	sprach	spreche	spräche
		du	sprichst	sprachst	sprechest	sprächest
		er/sie/es	spricht	sprach	spreche	spräche
		wir	sprechen	sprachen	sprechen	sprächen
		ihr	sprecht	spracht	sprechet	sprächet
		sie/Sie	sprechen	sprachen	sprechen	sprächen
337	stehen ◆ gestanden	ich	stehe	stand	stehe	stü[ä]nde
		du	stehst	standest	stehest	stü[ä]ndest
		er/sie/es	steht	stand	stehe	stü[ä]nde
		wir	stehen	standen	stehen	stü[ä]nden
		ihr	steht	standet	stehet	stü[ä]ndet
		sie/Sie	stehen	standen	stehen	stü[ä]nden
265	stellen ◆ gestellt	ich	stelle	stellte	stelle	stellte
		du	stellst	stelltest	stellest	stelltest
		er/sie/es	stellt	stellte	stelle	stellte
		wir	stellen	stellten	stellen	stellten
		ihr	stellt	stelltet	stellet	stelltet
		sie/Sie	stellen	stellten	stellen	stellten
364	sterben ◆ gestorben	ich	sterbe	starb	sterbe	stürbe
		du	stirbst	starbst	sterbest	stürbest
		er/sie/es	stirbt	starb	sterbe	stürbe
		wir	sterben	starben	sterben	stürben
		ihr	sterbt	starbt	sterbet	stürbet
		sie/Sie	sterben	starben	sterben	stürben
042	studieren ◆ studiert	ich	studiere	studierte	studiere	studierte
		du	studierst	studiertest	studierest	studiertest
		er/sie/es	studiert	studierte	studiere	studierte
		wir	studieren	studierten	studieren	studierten
		ihr	studiert	studiertet	studieret	studiertet
		sie/Sie	studieren	studierten	studieren	studierten

	不定詞		直説法・現在	直説法・過去	接続法・Ⅰ	接続法・Ⅱ
332	tragen * ◆ getragen	ich	trage	trug	trage	trüge
		du	trägst	trugst	tragest	trüg(e)st
		er/sie/es	trägt	trug	trage	trüge
		wir	tragen	trugen	tragen	trügen
		ihr	tragt	trugt	traget	trüget
		sie/Sie	tragen	trugen	tragen	trügen
156	treffen * ◆ getroffen	ich	treffe	traf	treffe	träfe
		du	triffst	trafst	treffest	träf(e)st
		er/sie/es	trifft	traf	treffe	träfe
		wir	treffen	trafen	treffen	träfen
		ihr	trefft	traft	treffet	träf(e)t
		sie/Sie	treffen	trafen	treffen	träfen
086	trinken ◆ getrunken	ich	trinke	trank	trinke	tränke
		du	trinkst	trankst	trinkest	tränk(e)st
		er/sie/es	trinkt	trank	trinke	tränke
		wir	trinken	tranken	trinken	tränken
		ihr	trinkt	trankt	trinket	tränk(e)t
		sie/Sie	trinken	tranken	trinken	tränken
071	tun ◆ getan	ich	tue	tat	tue	täte
		du	tust	tatst/tatest	tuest	tätest
		er/sie/es	tut	tat	tue	täte
		wir	tun	taten	tuen	täten
		ihr	tut	tatet	tuet	tätet
		sie/Sie	tun	taten	tuen	täten
271	vergessen * ◆ vergessen	ich	vergesse	vergaß	vergesse	vergäße
		du	vergisst	vergaßt	vergessest	vergäßest
		er/sie/es	vergisst	vergaß	vergesse	vergäße
		wir	vergessen	vergaßen	vergessen	vergäßen
		ihr	vergesst	vergaßt	vergesset	vergäßet
		sie/Sie	vergessen	vergaßen	vergessen	vergäßen
231	verstehen ◆ verstanden	ich	verstehe	verstand	verstehe	verstü[ä]nde
		du	verstehst	verstand(e)st	verstehest	verstü[ä]ndest
		er/sie/es	versteht	verstand	verstehe	verstü[ä]nde
		wir	verstehen	verstanden	verstehen	verstü[ä]nden
		ihr	versteht	verstandet	verstehet	verstü[ä]ndet
		sie/Sie	verstehen	verstanden	verstehen	verstü[ä]nden
159	warten ◆ gewartet	ich	warte	wartete	warte	wartete
		du	wartest	wartetest	wartest	wartetest
		er/sie/es	wartet	wartete	warte	wartete
		wir	warten	warteten	warten	warteten
		ihr	wartet	wartetet	wartet	wartetet
		sie/Sie	warten	warteten	warten	warteten
441	weinen ◆ geweint	ich	weine	weinte	weine	weinte
		du	weinst	weintest	weinest	weintest
		er/sie/es	weint	weinte	weine	weinte
		wir	weinen	weinten	weinen	weinten
		ihr	weint	weintet	weinet	weintet
		sie/Sie	weinen	weinten	weinen	weinten

	不定詞		直説法・現在	直説法・過去	接続法・I	接続法・II
073	werden * ♦ geworden	ich	werde	wurde	werde	würde
		du	wirst	wurdest	werdest	würdest
		er/sie/es	wird	wurde	werde	würde
		wir	werden	wurden	werden	würden
		ihr	werdet	wurdet	werdet	würdet
		sie/Sie	werden	wurden	werden	würden
076	wissen * ♦ gewusst	ich	weiß	wusste	wisse	wüsste
		du	weißt	wusstest	wissest	wüsstest
		er/sie/es	weiß	wusste	wisse	wüsste
		wir	wissen	wussten	wissen	wüssten
		ihr	wisst	wusstet	wisset	wüsstet
		sie/Sie	wissen	wussten	wissen	wüssten
290	wohnen ♦ gewohnt	ich	wohne	wohnte	wohne	wohnte
		du	wohnst	wohntest	wohnest	wohntest
		er/sie/es	wohnt	wohnte	wohne	wohnte
		wir	wohnen	wohnten	wohnen	wohnten
		ihr	wohnt	wohntet	wohnet	wohntet
		sie/Sie	wohnen	wohnten	wohnen	wohnten
145	wünschen ♦ gewünscht	ich	wünsche	wünschte	wünsche	wünschte
		du	wünschst	wünschtest	wünschest	wünschtest
		er/sie/es	wünscht	wünschte	wünsche	wünschte
		wir	wünschen	wünschten	wünschen	wünschten
		ihr	wünscht	wünschtet	wünschet	wünschtet
		sie/Sie	wünschen	wünschten	wünschen	wünschten
298	zeigen ♦ gezeigt	ich	zeige	zeigte	zeige	zeigte
		du	zeigst	zeigtest	zeigest	zeigtest
		er/sie/es	zeigt	zeigte	zeige	zeigte
		wir	zeigen	zeigten	zeigen	zeigten
		ihr	zeigt	zeigtet	zeiget	zeigtet
		sie/Sie	zeigen	zeigten	zeigen	zeigten
161	ziehen ♦ gezogen	ich	ziehe	zog	ziehe	zöge
		du	ziehst	zogst	ziehest	zög(e)st
		er/sie/es	zieht	zog	ziehe	zöge
		wir	ziehen	zogen	ziehen	zögen
		ihr	zieht	zogt	ziehet	zöget
		sie/Sie	ziehen	zogen	ziehen	zögen

	不定詞		直説法・現在	直説法・過去	接続法・I	接続法・II
176	können ◆gekonnt (können)※	ich	kann	konnte	könne	könnte
		du	kannst	konntest	könnest	könntest
		er/sie/es	kann	konnte	könne	könnte
		wir	können	konnten	können	könnten
		ihr	könnt	konntet	könnet	könntet
		sie/Sie	können	konnten	können	könnten
177	dürfen ◆gedurft (dürfen)	ich	darf	durfte	dürfe	dürfte
		du	darfst	durftest	dürfest	dürftest
		er/sie/es	darf	durfte	dürfe	dürfte
		wir	dürfen	durften	dürfen	dürften
		ihr	dürft	durftet	dürfet	dürftet
		sie/Sie	dürfen	durften	dürfen	dürften
178	müssen ◆gemusst (müssen)	ich	muss	musste	müsse	müsste
		du	musst	musstest	müssest	müsstest
		er/sie/es	muss	musste	müsse	müsste
		wir	müssen	mussten	müssen	müssten
		ihr	müsst	musstet	müsset	müsstet
		sie/Sie	müssen	mussten	müssen	müssten
179	wollen ◆gewollt (wollen)	ich	will	wollte	wolle	wollte
		du	willst	wolltest	wollest	wolltest
		er/sie/es	will	wollte	wolle	wollte
		wir	wollen	wollten	wollen	wollten
		ihr	wollt	wolltet	wollet	wolltet
		sie/Sie	wollen	wollten	wollen	wollten
180	sollen ◆gesollt (sollen)	ich	soll	sollte	solle	sollte
		du	sollst	solltest	sollest	solltest
		er/sie/es	soll	sollte	solle	sollte
		wir	sollen	sollten	sollen	sollten
		ihr	sollt	solltet	sollet	solltet
		sie/Sie	sollen	sollten	sollen	sollten
181	mögen ◆gemocht (mögen)	ich	mag	mochte	möge	möchte
		du	magst	mochtest	mögest	möchtest
		er/sie/es	mag	mochte	möge	möchte
		wir	mögen	mochten	mögen	möchten
		ihr	mögt	mochtet	möget	möchtet
		sie/Sie	mögen	mochten	mögen	möchten

※ 完了形や受動態の構文において，動詞の不定詞とともに文末に置かれる場合，話法の助動詞は不定詞と同型になります。単独用法で本動詞として用いられる場合は過去分詞型を用います。

見出し語索引

179

西野 路代（にしの・みちよ）

　東京都立大学，大妻女子大学，フェリス女学院大学非常勤講師。

© Michiyo Nishino, 2023, Printed in Japan

1か月で復習する
ドイツ語 基本の500単語【新装版】

2018 年 8 月 20 日	初版第 1 刷発行
2023 年 9 月 5 日	新装版第 1 刷発行

著　　者	西野 路代
制　　作	ツディブックス株式会社
発 行 者	田中 稔
発 行 所	株式会社 語研
	〒101-0064
	東京都千代田区神田猿楽町 2-7-17
	電　　話　03-3291-3986
	ファクス　03-3291-6749
組　　版	ツディブックス株式会社
印刷・製本	シナノ書籍印刷株式会社

ISBN978-4-87615-424-1 C0084

書名　イッカゲツデフクシュウスル ドイツゴ キホンノ ゴヒャクタンゴ シンソウバン
著者　ニシノ　ミチヨ

定価はカバーに表示してあります。
乱丁本，落丁本はお取り替えいたします。

本書の感想は
スマホから↓

株式会社 語研
語研ホームページ https://www.goken-net.co.jp/